「ティール時代」の子育ての秘密

Reinventing Education

あなたが輝き、子どももより輝くための12章

天外伺朗

内外出版社

まえがき

「子育ての最大のコツは何ですか?」と聞かれたら、私は迷わずにこう答えます。

「まず、自分自身が育つことですよ!」

ほとんどの人が「えっ!」と驚かれます。「子育てのコツ」といえば、普通は自分が子どもに対してどういう態度をとるか、どういう言い方をするか、などといったノウハウを指します。それに関する本は山ほど出ています。もちろん、その一つひとつのアドバイスは貴重であり、とても有効だと思います。

しかしながら、それらをはるかに超えて、一般には知られていない、とても大切な秘密があります。

子育て金言集——❶

親や先生が、子どもを教育しよう、子どもを変えようと、子どもに向けていた視線を、自分の内面に向けた時、子どもは、はるかに光り輝いてきます。

このメッセージは、ほとんどの人にとって、飲み込みにくいでしょう。いままでの一般常識からは、大きくはずれているからです。いまは、その違和感をちょっと横に置いて、本書を読み進めていただけると嬉しく思います。

このメッセージを、少し変えるとこうも表現できます。

子育て金言集──②

自分の内面をしっかり見つめていない親や先生の元では、子どもは「まともに」育ちません！

ここで、「まともに」という形容詞には、本書独特の意味を込めました。そのことも、本書でお伝えしたい大切なメッセージです。これについては、この後で詳しくご説明します。

本書のタイトルの「ティール時代」という言葉は、馴染みのない方も多くいらっしゃると思います。企業経営の世界では、最近「ティール」という言葉がよく聞かれるようになりました。２０１８年1月に刊行された、F・ラルー『ティール組織』(英治出版）は、難解な分厚い本であるにもかかわらず、7万部を超えるベストセラーになりました。

F・ラルーの主張は、「人類の意識レベルが、次のステージ（the Next Stage of Human Consciousness）に達した結果、彼が〝ティール〟と名付けた新しい組織運営が出現した」という内容です。つまり、人類社会に「意識の変容の大きな波」が押し寄せてきており、その結果、組織の運営方法ががらりと変わった、ということです。

天外も、この意識の変容の波には早くから気づいており、「ディープ・グラウンディング」という言葉を作ってそれを説いてきました（『教育の完全自由化宣言！』飛鳥新社、『非常識経営の夜明け』講談社、共に２００８年）。

この時点では、ほとんど世の中には理解されませんでしたが、上記『ティール組織』が普及したことから、F・ラルーの主張を下敷きにして、「実存的変容」という学術用語を、そのままむき出しに使って一冊にまとめました（『実存的変容：人類が目覚め、「ティールの時代」が来る』内外出版社、２０１９年10月）。

じつは、人類の意識の進化・発達に関しては、マンモスを追っていたころからの詳細な歴史が解明されており、多くの研究者がいま人類社会に押し寄せてきている、次

の大きな変容の波を、様々な表現で語っています。(注)

脚注で紹介した研究者たちは、いずれも根拠と論理的整合性を大切にして説いていますので、私は「学問系」と呼んでいます。天外もその一人です。

「学問系」では、この変容は確かに、いままでより大きなステップですが、マンモスを追っていたころからの一連の変容の延長上にあり、変容後もまだ人類は「個のレベル」にとどまっている、という共通認識があります。

つまり、人類全体が「超個（トランスパーソナル）」のレベルに突入するのは、まだまだかなり先だ、ということです。

一方、それとはまったく別に、チャネリングで降りてきた情報をそのまま語っている人たちもいます。こちらは「スピ（スピリチュアル）系」と呼ぶことにしましょう。いままで、「学問系」と「スピ系」は激しく分離しており、出会うことはほとんどなかったのですが、2019年5月28日に東京で行われた天外伺朗と並木良和さんのジョイント講演会では、その背景や前提条件の説明が大きく異なるにもかかわらず、語られる意識の変容の中身はほとんど重なっていることがわかりました（並木良和、天外伺朗共著『分離から統合へ：「人類の目覚め」を紐解く二つの異なる切り口』、ナチュラルスピリット、２０１９年11月)。「学問系」と「スピ系」に共通の言葉として「人類の目覚め」という表現を提示しました。

「スピ系」では、この変容に関して「アセンション」、「地球の次元上昇」などの概念を提示していますが、その点に関しては「学問系」はサポートしておらず、主張は大きくかけ離れております。

しかしながら、「学問系」の地道な視点からも、「スピ系」の直感的な視点からも、人類はいま、とても大きな意識の変容の波を迎えようとしている、という共通点は見えています。Ｆ・ラルーは、それによる企業経営での大きな変革にいち早く気付いた、ということでしょう。

(注：たとえば、『ティール組織』を大ヒットさせた、Ｆ・ラルーは、それを「グリーン」から「ティール」への変容といい、その元になった、クレア・グレイブスの「スパイラル・ダイナミクス」では、「ティア１：生存のレベル」から「ティア２：存在のレベル」への変容、ロバート・キーガンの「成人発達理論」では、「発達段階４：自己主導段階」から「発達段階５：自己受容、相互発達段階」などと呼んでいます。ケン・ウイルバーは、最近では12の領域ごとの成長・発達に主張を変えておりますが、初期の作品（『アートマンプロジェクト』）では、同じことを「後期自我」から「成熟した自我」への変容と語っています。巻末資料１参照)

これは、ベースが人類の意識の変容ですから、企業経営にとどまらず、社会のあらゆる局面に影響が出てきます。日本社会でいえば、過去の明治維新や第二次世界大戦の終戦に引けを取らない、とても大きなパラダイムシフトがこれから起きることはほぼ間違いありません。

その新しい時代を、F・ラルーに敬意を表して**「ティール時代」**と呼ぶことにしました。

「ティール時代」は、いままでの常識がほぼ180度ひっくり返ることが予想されています。「実存的変容」を遂げて、新しい常識を身につけた人たちと、それとは正反対の旧来の常識にしがみついている人たちとのギャップが、たとえようもなく大きく広がってしまうでしょう。

これは、子育てや教育の分野では、極めて深刻な問題となります。なぜなら、次の世代を担う子どもたちは、当然新しい常識を身につけてほしいわけです。ところが、その子育てを担う親や先生のほとんどは、**「実存的変容」**以前であり、旧来の常識にしがみついている人たちでしょう。そうすると、子どもたちに旧来の常識を押し付け、意識の変容が起きないようにしつけてしまう、という大問題が発生します。

つまり、親や先生が、人類全体の進化の足を引っ張る、という最悪な事態が予想されるのです。子どもたちは、進化の最前線として生まれてきますので、当然旧来の常識にしがみついてしつけようとする親に反発して荒れ狂い、親子の葛藤は、とてもとても酷いことになります。


先ほど使った、「まともに育つ」という表現は、新しい常識を身につけるという意味です。親や先生は、自分と同じように育つことが「まとも」だと思っております。でもそれは、旧来の常識を押し付けることになりますので、本書で定義する「まとも」ではありません。

社会的に成功した親は、お子さんも自分と同じように育ってほしいと思うでしょう。でも、それは間違いです。

いまの時代、お子さんはあなたと同じように育ってはいけないのです！

「実存的変容」という大きな波の前と後では、教育や子育ての常識ががらりと変わります。いままで、社会に定着している教育論が、ほとんど頼りにならなくなります。そういう「ティール時代」を迎えるにあたって、子を育てなければいけない親や先生は、いったいどうしたらいいのでしょうか。

子育て金言集──❸

「ティール時代」の子育ての唯一の道は、親自身、先生自身が「実存的変容」へ向かうことです！

旧来の常識を子どもに押し付けて、人類全体の進化の足を引っ張るのではなく、自らが進化の最前線に参加することです。たとえ「実存的変容」を超えなくても、そのプロセスに入り、いままで子どもを変えようと子どもに向いていた視線が、自分の内面に向くようになると、冒頭に述べたように、子どもははるかに光り輝いてきます。

ここで、ひとつGood News!があります。子育てというのは、最高の「自分育て」の場になり得るということです。子どもの態度、とくにあなたが「悪い」と感じた態度は、１００％あなたの内面が反映しています。

子育て金言集——❹

お子さんは、あなたの鏡です。

あなたが、鏡を見て身だしなみを整えるように、お子さんを見れば心の内面を整えることができます。「なんて悪い子に育ってしまったんだろう！」と嘆き、それを矯正しようとして叱り、子どもとドロドロのバトルを演じるかわりに、「あ、これはいまの私の内面が映っているのだ」と認識して自らの内面に意識が向けば、子どももよく育つし、あなたも「実存的変容」のプロセスをしっかり歩んでいけます。

このメッセージも、ちょっと信じられないかもしれませんが、なぜそのようなことがいえるかは、本書でしっかり説明いたします。

本書は、あなたが育ち、子どもも一層良く育つという魔法の書です！

天外は、産業界全体のレベルアップのための「ホワイト企業大賞」を推進し、経営者を対象とした「天外塾」を２００５年からやっております。42年間ソニーで過ごしてきたことから、企業経営の面で活動を続けてきました。しかしながら、いつの間にか、「天外塾」の方は経営者に限らず、あらゆる人の「実存的変容」をサポートする塾に変容いたしました。

そのほかに、医療改革、教育改革にも取り組んでいます。医療改革は、医療者が患者の「実存的変容」を秘かにサポートする、という内容を含むので、本書との関連はあります。教育改革も、実存的変容（ディープ・グラウンディング）を柱のひとつに掲げております。

また、経営改革と教育改革の両方に取り組んでいたからこそ、「ティール時代」の到来をいち早く察知し、その子育てへの影響を吟味して、本書を書くことができました。

教育関係の本は、いままで3冊書いております。

①『教育の完全自由化宣言！：子どもたちを救う七つの提言』飛鳥新社、２００８年

②『生きる力の強い子を育てる：人生を切り拓く「たくましさ」を伸ばすために』飛

鳥新社、２０１１年
③『創造力ゆたかな子を育てる：ダイナミックで光り輝く人生への処方箋』内外出版社、２０１６年

①は、産業革命で軍事力を身につけた列強の侵略圧力に抗するため、明治政府が「戦士を育てる教育」に舵を切り、それが今日に至るまで日本の公教育のバックボーンになっていること、一方それとは別に、自由な発想ができるような人を育てる教育学が世界には多く提案されていることなどを述べました。前者を「国家主義教育学」、後者を「人間性教育学」と名付けました。

この本が、後の文科大臣、下村博文衆議院議員の目に留まり、主として自民党が野党時代に下村議員のブレーンを3年ほど勤めました。

②は、下村博文議員のブレーン集団での議論を参考にして、「人間性教育学」の神髄をひもときました。

③は、私自身の経験を踏まえて、「生きる力」の中の「創造力」に絞って、それをいかに伸ばすか、ということを書きました。

さて、本書は私にとって4冊目の教育書になりますが、迫りくる「実存的変容」の前後で、教育ががらりと変わること、それに対して親や先生はどうすればいいかという、いまの日本社会にとって、とても重要で差し迫った問題に迫りました。

じつは、子育ては、親や先生自身が育つための絶好の場になっていること、また、教育する側が「実存的変容」に向かって歩み始めないと「まともな」子育てができないこと、などというちょっと常識外れの内容になっています。

なお、本書は親や先生に限らず、子どもに携わるすべての人にお役に立てると思いますが、以下の本文では、主として小学生以下の子を持つ親御さんに焦点をあてて書いていています。また、何の予備知識のない一般の方でも楽にお読みいただける実用書となるように、努めて平易に書いたつもりです。

そのため、「実存的変容」の内容の詳細な説明、「実存的変容」が深まった人の特徴、2020年9月からスタートする「〝ティール時代〟の教育と子育て」セミナーの内容などは、本文から外し、巻末資料に回しました。

巻末資料1：人間の意識の成長・発達のサイクル
巻末資料2：「実存的変容」が深まった人の特徴
巻末資料3：「〝ティール時代〟の教育と子育て」セミナー

いま私は、湘南茅ケ崎の海辺に住んでおります。海岸に行くと、一年中大勢のサーファーたちが波間にぷかぷかと浮いております。いい波が来ると、何人かがそれに乗って滑っていきます。

先ほど述べたように、いま人類全体は、世界的に「実存的変容」という極めて大きな波を迎えようとしております。波にまかれて大変な目に遭う方も出てくるでしょうし、何事もなく波をやり過ごす方もおられるでしょう。でも、できることなら、あなたも、あなたのお子さんも、上手に波に乗っていきたいものですね。

そのためのガイドブックとして、本書がお役に立てたら幸いです。

目次

1章

お子さんが育つ
魔法のマントラ

のっけから、本書の最大の秘密をお伝えしましょう。どんな状況であっても、これさえ唱えていれば、お子さんが順調に光り輝いて育つという魔法のマントラがあります。別にお子さんに聞かせる必要はなく、声に出すこともなく、心の中で唱えるだけでOKです。

朝晩瞑想して唱えるのが理想ですが、気が付いたら心の中でブツブツと唱えるだけでも効果があります。特に、お子さんを大声で叱ってしまった後、あるいはお子さんとの何らかのトラブルの後には、ちょっとひとりになって、このマントラを108回唱えてみてください（一定以上の回数を唱えないと効果は出ません）。

お子さんとの関係修復に特別な努力をしなくても、このマントラを唱えるだけで、ごく自然に関係が修復されることがあります。それを実験してみてください。

お子さんが育つ魔法のマントラ

「○○ちゃんが生きていてくれるだけで、私はとても幸せです！」

（注：意味のある祈りの言葉は、正確にはマントラではなくスートラですが、この祈りの言葉は、マントラのように繰り返し唱えることで効果を発揮するので、便宜上マントラと呼びます）

なぜ、このマントラが子育てに有効なのかという、深層心理学的な原理は、この後の章で少しずつお話しします。まず本章では、このマントラが出現した経緯についてお話ししましょう。

２０１５年の愛媛天外塾の塾生で、大きな事務所を経営する所長さんのお話です。娘さんもその事務所で働いていましたが、所長との親子関係は最悪でした。所長からすると、ほかの所員の模範になってほしいのに、時間にルーズで遅刻が多く、しょっちゅう土下座をして謝らせており、手を上げたことも何度かある、とのことでした。

翌月には奥様にもご参加いただいて、家庭の様子を伺いました。娘さんにも来てほしかったのですが、それは本人が拒否しました。

その後、所長の成育歴の話を伺い、とても愛情深い養母に育てられていたのに、中学の時にその養母に手を上げてしまったことが大きなトラウマになっていたことがわかりました。そこでまず、そのトラウマを解消するワークを行いました。

「親子の葛藤」は、本書全体のメインテーマですので、この後の10章で詳しく述べます。それ以外にも、所長さんは多くの葛藤を抱えておられましたが、その葛藤のエネルギーを見事に戦いのエネルギーに昇華して、社会における成功の道を歩んでこられました。

これは、いまの社会における成功者の典型的な心理構造です。葛藤が強い人ほど、戦いに強く、社会の中でのし上がっていく傾向があります。よく、ボクシングなどで「ハングリー精神」といいます。幼少期につらい体験をしている選手の方が強いという意味です。つらい体験をバネにしてという表現は、葛藤が戦いのエネルギーの源泉になるということです。

単に社会の中で成功することだけを目的とした人生なら、それでOKです。ハングリー精神を発揮して果敢に戦い、成功者の地位を獲得できるでしょう。現にその所長さんも、その業界では知らぬ人はいないほどの成功を収めておられました。

しかしながら、その葛藤は様々な面にネガティブな影響を及ぼしています。経営の面では「戦いの経営」になり、社員にも遮二無二戦うことを要求します。それにより業績は上がりますが、社員は疲れ切ってしまいます。特に戦いが苦手な最近の若手の社員はついていけません。

はるか昔に「24時間戦えますか」というCMが流れたことがありましたが、もうそういう働き方は時代遅れになりつつあります。

プライベートな面では、この所長のように親子関係に影響が出たり、あるいはパートナーとの人間関係に出たりします。家庭が社会的成功の犠牲になっているケースは珍しくありません。

私は、天外塾という経営者向けのセミナーを15年間続けておりますが、「戦いの経営」とは正反対の「フロー経営」をお伝えしてきました。

具体的には、指示・命令をなくし、すべてを現場の判断にゆだねることで職場が見違えるほど活性化するという経営です。これは、創業期のソニーがモデルであり、チクセントミハイという心理学者が提唱する「フロー理論」に裏付けされています（「フロー」については、この後6章で詳しくお話しします）。

葛藤が強い「戦いの経営」でも、通常の「管理型経営」ならうまくいきますが、「フロー経営」はできません。なぜかというと、葛藤が強いと、自分が先頭に立って戦っていないと精神が不安定になるので、社員に全面的に任せる、ということができないからです。

そこで「フロー経営」に移行できるように、塾生の葛藤をいかに解消していくか、15年にわたって工夫を重ねてまいりました。

先ほどの例で、所長さんの成育歴を聞いたり、トラウマを解消したり、といった普通の経営塾ではあまりやらないワークをしているのは、その一環です。

所長さんの事務所は、業績は順調で、普通の経営塾で教えているようなことは全部できていました。つまり、一般常識からいうと花丸がもらえるような経営でした。しかしながら、所長が蒸気機関車のように全体を引っ張っていく経営に、自分自身でも限界を感じ、「フロー経営」を学びに天外塾に参加されたのでした。

私は、「フロー経営」の説明などは一切せずに、所長さんの葛藤の解消、特に娘さんとの関係性に焦点を当てました。

葛藤が強い人のひとつの特徴は、何かに追い立てられるような焦燥感があることです。常に「あれが出来ていない」、「これが出来ていない」、あるいは「あれをやらなくてはいけない」、「これをやらなくてはいけない」と、追い立てられているように感じており、片時も休まずに仕事をする傾向があります。

その焦燥感は、社員全員にも伝わっており、社員たちも追い立てられるように仕事をします。それは、一見仕事熱心に見えますが、全員の精神は不安定になります。もう少し余裕を持った方が、仕事の効率は上がります。

もうひとつの問題点は、葛藤が強いと、その反作用として**「強く」「正しく」「立派な」リーダー**を装ってしまう傾向があることです。弱みを見せず、欠点も見せず、完璧な強いリーダーであろうとするのです。要するに重い鎧《よろい》を着て戦っているのです。リーダーが鎧を着ていると、社員も全員鎧を着てしまいます。

皆が鎧を着ている集団を思い浮かべれば、決して居心地がよくないことは誰でも想像できるでしょう。全体として本音を抑えて、油断ができない、ぎくしゃくしたチームになってしまいます。むしろ、弱みを平気でさらけ出せるリーダーの方がチームは活気づくことが、最近ではよく知られています。

少し大きな目で、うがった見方をすると、娘さんが時間にルーズなのは、所長さんの、そういう頑なな態度に対するレッスン、という解釈もあり得ます。無言のうちに「パパ、もう少し力を抜いて、緩めたら……」とメッセージを出している、というのです。もちろん娘さんが、それを意識してわざと遅刻しているわけではないのですが、宇宙のプログラムとか神の采配といった匂いがします。それは単なるこじつけの可能性もありますが、同様なケースをとてもたくさん見てきました。

ただ、所長さんはそのような見方は納得しません。たしかに自分は少し頑なに仕事をこなしてきたな、という反省まではいくのですが、こと娘さんの話になると、「絶対に「あいつが悪い」という強固な信念からは、なかなか抜けられません。

子育て金言集―5

「私は正しい」、「あんたが悪い」という信念は、子育ての最大のネックです。

じつは、これは親子関係のみならず、あらゆる人間関係のトラブルの原因です。そこからどう抜けていくか、ということは、この後の章で少しずつお話ししましょう。

この信念は、いくら議論をしてもひっくり返りません。この所長の場合にも、現実に娘さんは時間にルーズなわけであり、「遅刻は悪い」という信念があれば、自動的に「あいつが悪い」になります。

所長さんが、もう少し力を抜いた生き方が出来るように、神様が娘さんを使って教えてくれているのかもしれない、というストーリーは、まったく本人には響かず、私は早々にギブアップしました。

そのかわりに、娘さんが生まれた時の様子、幼児期の様子を語っていただきました。頃合いを見計らって、目をつぶって冒頭のマントラを唱えていただきました。

すると、それまでとても頑なだった所長さんが、突然肩を震わせて号泣し始めました。これをきっかけに、少し時間はかかりましたが、所長さんは「実存的変容」を遂げられ、２０１６年、２０１７年の愛媛天外塾にも出席されて、他の塾生の変容をサポートしていただけました。

娘さんとの葛藤も程なく解消いたしました。娘さんは事務所を出られて新たな道に進まれましたが、所長さんもそれを応援して、とても仲の良い父娘関係になりました。

事務所の方も、蒸気機関車のようなオペレーションが改められ、徐々に「フロー経営」に近づいていきました。

所長さんが、このマントラで変容に向かえたのは、「情動の蓋」が開いたからです。

葛藤が強く、戦いの人生を歩んでいるとき、人は「情動の蓋」をきつく締めています。そうすると、「私が正しい」、「あんたが悪い」というパターンから抜け出せず、「悪いあんた」を矯正しようとして親子関係が破綻していくのです。

マントラを唱えることにより、所長さんは自分が本来持っている娘さんに対する深い愛情に気づかれました。そして、きつく締まっていた情動の蓋が緩み、号泣されたのです。「悪いあんた」を矯正しようとする力みがとれ、「この子が生きているだけで自分は幸せなのだ」という情が強くなれば、「実存的変容」への一歩目が踏み出せます。

冒頭にこの話題を持ってきたのは、なぜかというと、お子さんとの関係性が、じつは親自身が育つための絶好の教材になりうる、ということを知っていただきたかったからです。

子育て金言集—❻

「育児」の本質は「育自」です。

親は、先ほど述べたように「自分は正しい」という信念のもとに、子どもをしつけようとします。ところが、子どもの態度は親の葛藤や心の闇がそのまま反映している「鏡」なのです（P11、子育て金言集④）。「子どもの態度が悪い」と思ったら、自らの葛藤や心の闇が強烈だ、という証拠です。

いきなりそういわれても、なかなか飲み込めないとは思いますが、この後の章で、少しずつ丁寧に説明いたします。

2章

「心の内面」が、
外の世界に
反映する？

1章の例では、対象者が経営者だし、子どもは成人しているし、いま、小学生以下の子育て中のお母さんお父さんから見ると、ちょっと遠い世界の話のように思えるかもしれません。しかしながら、このエピソードは、あらゆる年齢のあらゆるお子さんの子育てに共通の真理を含んでいます。

私は、教育関係の本を何冊も書いているので、頻繁に子育ての相談を受けます。1章のマントラを、何人かのお母さんにお伝えしましたが、例外なく抜群の効果を発揮しました。特に、子どもを激しく叱ってしまい、子どももそれに反発して怒り狂い、最悪な親子関係になって、本人も落ち込んでいるときに効果を発揮します。

子どもに対する深い愛情に気づいて、自分から関係性の修復に動き出すこともありますが、自分からは何もしないのに、子どもの方から関係性の修復の動きをしてくるケースも結構あります。

いろいろなケースで、自らの内面にとげとげしさがなくなり、愛情にあふれてくると、何もいわなくてもそれがお子さんに伝わり、お子さんの態度が変わるという、とても不思議なことを何度も観察してきました。逆に、自らの内面が荒れていたら、お子さんの態度も荒れるでしょう。

1章のケースは、後者の例ですね。所長さんが「自分は正しい」、「あんたが悪い」という信念を持っていると、それが何もいわなくても娘さんに伝わり、「あんたが悪い」という信念に沿った行動をとる、という可能性です。つまり、娘さんが遅刻をするのは所長さんの信念が原因だという、ちょっと常識外れの、とんでもない仮説です。

ここで、多くの人が「えーっ！　うっそー！」という反応を示すでしょう。その反応は正常です。でも、なかには、「あっそうか、所長さんが悪いのかっ！」と思う、素直な人がいるかもしれません。素直な人には申し訳ないのですが、じつは、その判断はちょっと問題です。

なぜかというと、その判断は所長さんが娘さんに対して「あんたが悪い」というのと、まったく同じレベルなのです。「娘さんが悪い」、「いや、所長が悪い」という議論は、「実存的変容」以前の常識を前提としています。「実存的変容」を遂げると「いい・悪い」という判断を超越します。これについては、12章で詳しく述べます。

本書は、「ティール時代」の常識をベースに書いていますので、「いい・悪い」の議論にとらわれているうちは飲み込みにくい話が多いかもしれません。

ここで提示しているのは「いい・悪い」とは無関係に、「人の心の中の状態が、なぜか知らぬが外界に影響を及ぼす」という、科学や心理学を超越した、ちょっと怪しげな仮説です。心の中が乱れていると、外界でも不本意な出来事に多く遭遇し、心の中が平安なら、外界の海も穏やかだ、ということです。外界で起きることは、心の内面の投影だ、といってもいいでしょう。

これは、証明することは不可能だし、否定することも難しいでしょう。しかしながら、永年天外塾をやっていると、この仮説を裏付けるような話を山ほど経験してきました。

たとえば、職場にどこからどう見ても意地の悪い「天敵」がいたとします。天外塾では、「天敵」に対峙するための「天敵瞑想」というワークがあります。毎朝毎晩、1カ月間このワークを続けると、ほとんどの場合、「天敵」が「いい人」に変身します。ときには、「天敵」が職場から離れることもあります。いずれにしても、あれほど本人を悩ませてきた「天敵」が、きれいに消滅してしまうのです。信じられないかもしれませんが、本当です。

その間本人は、一切「天敵」にはアプローチしておらず、ただひたすら瞑想をして自らの内面を整えていただけです。つまり、自らの内面が整うと「天敵」がいなくなるのです。ということは、どこからどう見ても底意地が悪かった「天敵」は、どうやら自分自身で創り出していたという、とても不思議な結論になります。もちろん、科学的にも心理学的にも明快な説明はできません。

「天敵」がいる人は、往々にして、職場が変わっても、また「天敵」が現れます。とても意地悪な先輩がいて、毎日つらい目に遭っていて、ようやくの思いで職場を変わったら、こんどは意地悪な同僚がいた、などという話はよく聞きます。私はなんて運が悪いんだろう、という嘆きが聞こえてきそうですね。でも、「天敵」を自分で作っているので、その人はどうあがいても、「天敵」から逃れようがないのです。

よく観察すると、そういう人はお店の店員やタクシーの運転手などとも頻繁にトラブルになります。「天敵」まではいかなくても、盛んに「悪い人」を製造しまくっているのです。

「天敵」がいなくなって、初めて本人は自分が「天敵」を創り出していたことに気づきます。しかしながら、それ以前に、「天敵」とすったもんだと格闘しているときは、そんなことは夢にも思わないでしょう。たとえ指摘をしても、絶対に認めません。「いやいや、あの人は、根っから意地悪なんですよ。Aさんも、Bさんもそういっています」と、客観的にどこからどう見ても「天敵」が生まれながらの悪人だ、という主張を繰り返すでしょう。

いま、これをお読みのあなたも、おそらく「実存的変容」以前だろうと思います。そうすると、「天敵」やトラブル中の相手は、どうしようもない悪い人間というレッテルを張っていることでしょう。「私はいい人」、「あの人は悪い人」と明快に線引きをしているのです。

その相手が最愛のわが子の場合も同じです。「どうしてこの子は、こんなに聞き分けの悪い子に育ってしまったんだろうか」という嘆きの声を頻繁に聞きます。そして、子どもを矯正しようと叱りつけます。

子育て金言集——❼

子どもを矯正しようとして叱りつけることが、子育てがうまくいかない最大の理由です。

上で述べた仮説がもし本当なら、子どもが「聞き分けが悪い」と感じるのは、主としてあなたの内面が反映している、ということになります。あなたが、何らかのワークで内面を整えると、子どもには何のアプローチをしなくても、その問題は解決します。

それにもかかわらず、叱られてしまったお子さんは救いようがありません。どんどん「自己否定感」を膨らませてしまいます。その「自己否定感」のせいで、その子は成長して親になった時に、自分の子どもに対して、また同じ仕打ちをすることになります。この「自己否定感」の連鎖に関しては、また8章で詳しく述べます。

「この子が悪い」という信念に凝り固まっているとき、なかなか自らの内面をチェックするという方向へは向かえません。「矯正しなければいけないのは、お子さんではなくてあなたです」といわれたら、ほとんどの人は怒り出すでしょう。

でも、もしそれができたなら、あなたは「実存的変容」への一歩を踏み出すことになります。つまり、お子さんの悪さを発見したことが、変容へのきっかけになりうるのです。

本書は、誰にとっても大きな抵抗感があり、飛び込みにくいその道程を、お伝えするために企画されました。子育て金言集④（P11）を、もう少し丁寧に記述してみましょう。

子育て金言集――❽

お子さんの態度は、あなたの内面の鏡です。あなたの内面を磨けば、お子さんは素晴らしく成長します。

「天敵」を「悪い人」と決めつけるのと、「この子が悪い」と決めつけるのは、深層心理学的には同じメカニズムです。ところが、両者の間には決定的な違いがあります。それは、どんなに「この子が悪い」と決めつけたとしても、あなたの中には、お子さんに対するあふれるような愛情が脈々と波打っているからです。1章のマントラが、子育ての万能薬として効果を発揮するのは、その自らの中にあふれている愛情にしっかりと触れることができるためです。

「天敵」がいることも、「実存的変容」に向かうきっかけになり、「天敵瞑想」はそのためのとても有効な方法論です。でも、親子の関係からのアプローチの方が、はるかに効果的です。

それはなぜかというと、前述のようにあなたがお子さんに対しては愛情にあふれており、それが、あなたが「実存的変容」に向かう強力なサポートになるのです。1章のマントラを「天敵」に対して唱えても白けるだけでしょう。

子育て金言集―9

「子育て」というのは、最高の「自分育て」の場であり、ちょっとした工夫により、「実存的変容」に向かうきっかけになり得ます。

いまあなたは、冷静にこれをお読みいただいていると思いますので、半信半疑ながら本書のストーリーについてこられているでしょう。でも、いざお子さんとトラブルになったら、この冷静さを維持することは至難の業であり、あなたは逆上して我を忘れてしまうかもしれません。

でも、その逆上しているときにこそ、1章のマントラを唱えていただきたいのです。

いざというときに、それが出来るように、普段からこのマントラを唱え、慣れ親しんでおいてください。

天外塾では、頻繁に瞑想ワークを使います。瞑想に入るために、その人にとって有効なマントラを「Oリングテスト」などで調べますが、たとえば浄土宗・真宗の家に生まれて、「ナムアミダブツ」というマントラを幼少期から唱えてきた人、あるいはおばあちゃんが唱えるのを聞いてきた人は、そのマントラがとても有効に働きます。

つまり、マントラというのは、たくさん唱えて身体に沁み込んでいると効果を発揮するのです。1章のマントラ**「〇〇ちゃんが生きていてくれるだけで、私はとても幸せです」**というのも、身体に沁み込むくらい、たくさん唱えると効果が増します。

毎朝毎晩、軽く目を閉じて、このマントラを108回ずつ唱えるワークをおすすめします。

3章

「あんたが悪い」という信念

1章で「私が正しい」、「あんたが悪い」という信念が子育ての最大のネックになっていると述べました。本章では、そのうち「あんたが悪い」という信念を掘り下げましょう。

前述のように、あなたがお子さんを叱るとき、「あんたが悪い」という信念のもとに、「何とかこの子を矯正しなければいけない」、「まともな子に育てなくてはいけない」という思いに駆られているでしょう。でも、ちょっと振り返って見てください。それは、結構表面的な装いであり、実際には、そういう理性的な判断というよりは、心の底からこみあげてくる「イライラ感」のようなものを、お子さんにぶつけていませんか？

なぜあなたに「イライラ感」が募るかというと、あなたの「こうあってほしい」、「こうしてほしい」という思いと、お子さんの言動がずれているからです。

幼児の頃は、何かに夢中になって遊んでいたり、何となくグズグズしたりしているお子さんに対して、「そんなことをしていると保育園（幼稚園）に遅刻するよ！」という「イライラ感」を抱く親御さんが多いでしょう。小学生になれば、さっぱり勉強をしようとしないお子さんに対する「イライラ感」が典型です。

あなたの中に「正しい道」が厳然としてあり、それに従わないとお子さんに「あんたが悪い」というレッテルを張ってしまうのです。

しかしながら、幼児は「いま・ここ」に生きており、目の前のことだけに関心があり、いまこれをやめないと保育園に遅れる、という発想はできません。脳科学的にいうと、大脳新皮質（左脳）の論理的な演算をする部分がまだ発達しておらず、未来の予測ができないのです。大人と同じように判断できると思うのは大間違いです。

つまり、幼児がぐずぐずして保育園に行かないのは「悪い子」だからではなく、単にそういう計算をする能力がないだけです。それを、「あんたが悪い」と決めつけて、脅して強制するものだから子育てがうまくいかなくなるのです。

同じように、ぐずぐずしているのをやめさせて保育園に送り出すにしても、「あんたが悪い」という決めつけをせず、脅しも使わないで、子どもの気持ちに添って話ができれば、子どもはすくすく、のびのびと良く育ちます。

小学生になると、徐々に論理演算能力が発達してくるので、未来が予測できるようになります。「そんなことをしていると、学校に遅れるよ」という論理は理解できるようになるでしょう。

ところが、いろいろとわかってくると、ますます親のいうことは聞かなくなります。あえていわせていただくと、親のいうことを聞かない子は順調に育っている、といえます。

何でも親のいうことを「はい、はい」と素直に聞く子は、親から見たら「いい子」であり、楽かもしれませんが、怒られるのが怖いので自分を失ったロボットになっており、子育ては完全に失敗しています。

その状態から、お子さんを正常な発達の路線に戻すのは、不可能ではないのですが、とても大変です（9章で例を述べます）。

子育て金言集⑩

お子さんが、あなたのいうことを聞かなかったら、喜んでください！　お子さんは順調に成長しています。

にもかかわらず、ほとんどの親御さんが、自分のいうことを聞かないお子さんに「あんたが悪い」というレッテルを貼ってしまいます。そして、自分のいうことを聞くように叱りつけます。

上で述べたように、いうことを聞かないのが正常であり、いうことを聞かせようとするのは、お子さんに対する破壊行為です。

小学生時代で一番多い親子のトラブルは、勉強に関することでしょう。さっぱり勉強をしようとしないお子さんに親御さんが「イライラ感」を募らせるのです。親御さんにとっては、勉強をすることが「正しいこと」であり、「正しくない」お子さんに「あんたが悪い」というレッテルを貼りたがるのです。

でも、親御さんにとって「正しいこと」は、必ずしもお子さんにとって「正しい」とは限りません。価値観は一人ひとり違っており、自分の価値観を押し付けるのは間違いです。

お子さんが一体どういう価値観を持っているかを探り、お互いの価値観を客観的な視点から調整する、というプロセスが必要なのです。

しかも、この場合、勉強することに否定的な信念を子どもに植え付けたのは、間違いなく親御さんなのです。

どういうことかというと、NLP(Neuro Linguistic Program)という心理学の一流派が明らかにしたことによると、親が「勉強しろ」といえばいうほど、子どもは勉強しなくなる、というのです。

その説明は後に回しますが、親が勉強を強制することによって、わざわざ子どもを勉強嫌いにさせておいて、その親のコントロール通りに勉強しなくなったお子さんに「あんたが悪い」とレッテルを貼るのですから、子どもはたまったものではありません。

いま、どこの家庭でも日常的に行われている、勉強をめぐる親子のトラブルは、間違いなくお子さんの成長を阻害しています。それがなくなるだけでも、お子さんは見違えるように輝いてきます。

さて、それでは「勉強しろ」というと、どうして子どもは勉強しなくなるのか、ご説明いたしましょう。

「勉強しろ」という指示は、大脳新皮質(左脳)で理解されます。でもそれは、「あなたは、私に、いま、勉強しろ、といいましたね」と、意味が理解されるだけで、行動に結びつくことはありません。

行動は、大脳新皮質ではなく、爬虫類《はちゅうるい》時代までに発達した古い脳（爬虫類脳）が司っています。新皮質で意味を理解したからといって、古い脳が作動して行動につながるとは限らないのです。

NLPによると、「勉強しろ」という言葉の裏には、「あんたは勉強をしない子ですね」という言語化されていない隠されたメッセージが込められているのだそうです(NLPでは前提条件といいます)。勉強をする子だったら、わざわざ「勉強しろ」とはいわないからです。

「あんたは勉強しない子ですね」という隠されたメッセージは、大脳新皮質（左脳）には入らず、受け取った子どもの意識にはのぼりません。ところが、その隠されたメッセージは古い脳に直接入ってしまい、本人はまったく意識しないうちに、「ああ、そうですか、私は勉強をしない子なのですね」と心の底で納得してしまい、勉強しなくなる、というのです。


ちょっとややこしい説明になりましたが、要するに人間という生き物は、意識できる、意味がはっきりした表面的な情報のやり取りだけでなく、意識できない（これを無意識レベルといいます）、意味がはっきりしない、隠された様々な情報のやり取りをしている、ということです。

人と人とのコミュニケーションも、子育ても、表面的な言葉のやり取りだけではなく、この無意識レベルの秘かな情報交流を考慮しないとまともに機能しません。これは、いままでの教育学、子育て論では比較的弱かった、というよりは、むしろほとんど配慮されてこなかったポイントです。

「ティール時代」の子育ては、無意識レベルの秘かな情報交流もしっかり配慮していくことが大切です。

2章では、「天敵」というのは自らがねつ造している、と述べました。それは、相手に対する「あんたが悪い」という強烈な信念が、無意識レベルで相手に伝わり、相手の意地悪な言動を引き出している、ということではないでしょうか。

それは、「天敵」だけではなく、お店の店員やタクシードライバーにも影響している、と2章で述べました。つまり、「あんたが悪い」という信念は、自分の周りにどんどん悪人を創り出しているのです。その信念が強い人は、「悪人比率」が高くなります。「世の中、なんて悪い奴が多いんだろう」という嘆きと共に生きており、わずかに見出した「いい人」にすがって生きています。

「悪人比率」の高い人ほど、内面の葛藤が強く、心の奥底に秘めた「自己否定感」が強く、かつ子育てがうまくいきません。自分のお子さんに対しても「あんたが悪い」という信念を頻繁に投影してしまうからです。

つまり、あなたの子育てがうまくいっているかどうかは、お子さんを見なくても、あなたの「悪人比率」(外界にどのくらい悪人を発見しているか)を見ればわかります。

子育て金言集——⓫

「悪人比率」が高い人が、どんなに「育児本」を読んで勉強しても、育児はうまくいきません。


「実存的変容」を遂げると、「悪人比率」は限りなくゼロに近づきます。自分の周囲に、ほとんど意地悪な人は現れなくなるのです。その状態になれば、「育児書」など一切読まなくても、お子さんは、すくすく、のびのびと素晴らしい発達を遂げます。

「実存的変容」を遂げた親御さんは、お子さんに対して、ごく自然に「無条件の受容」

ができるようになります。

育児には「受容」が大切なことはよく知られていますが、一般には「あんたがいい子だったら受容してあげるよ」という、「条件付き受容」です。親や先生が「無条件の受容」ができれば、「小さな悪魔」のような不良少年・少女も短期間で素直で優しい天使のような子に変身します。それについては、11章で説明いたします。

ここまでご説明すれば、まえがきで述べた、子育ての最大のコツ

「まず、自分自身が育つことですよ！」

……ということがご理解いただけるのではないでしょうか。

育児の勉強をすることよりも、自分の言葉遣いや行動に気を付けることよりも、自らの内面を見つめ、「実存的変容」への一歩を踏み出すことが、あなたのお子さんを

健やかに育てる早道なのです。

4章

「私が正しい」という信念

1章で「子育ての最大のネック」と述べた、「私が正しい」、「あんたが悪い」という信念のうち、3章に引き続いて、本章では「私が正しい」という信念について、もう少し掘り下げてみましょう。

1章では、とても強い葛藤を抱えた所長さんが、それを戦いのエネルギーに昇華して、社会的成功へつなげていったことをお話ししました。葛藤ががんばりの源になり得るのです。でもがんばりすぎて本人も部下たちも疲れ切ってしまう、という問題点について述べました。その後に書いたメッセージをもう一度引用します。

もうひとつの問題点は、葛藤が強いと、その反作用として「強く」、「正しく」、「立派な」リーダーを装ってしまう傾向があることです。弱みを見せず、欠点も見せず、完璧な強いリーダーであろうとするのです。（P27、1章より引用）

ここでは、「私が正しい」という信念が、葛藤の反作用として出てくると述べています。それを、もう少し詳しく、深層心理学の知見からひも解いていきましょう。

ここからしばらくの間、心理学の用語が出てきて、ややこしいとお感じになるかもしれませんが、できるだけ易しく説明いたしますのでお付き合いください。

人間は、人の目をとても気にして生きている、ということは誰でも実感していると思います。社会の中でどう自分が見られているか、ということに関心が薄い人はいません。私たちは、人の目、世間様、社会の評価などを想定しながら、自分で「こうあるべきだ」というイメージをつくり、その通りに装って生きています。そのイメージのことを心理学では「ペルソナ（仮面）」と呼びます。

仮面舞踏会では、仮面の人になり切って楽しむように、私たちは意識していなくても「ペルソナ」をかぶって「いい人」を演じて人生を歩んでいます。ペルソナはひとつではなく、会社では課長のペルソナ、家ではお父さんのペルソナ、あるいは夫のペルソナ、ゴルフをやるときにはまた別のペルソナなど、いろいろと自動的に使い分けています。

人間の実態というのは、誰しもが嘘もつくし、嫉妬もするし、ドロドロと汚い存在です。「こうあるべきだ」と「ペルソナ」を形成しているとき、それからはみ出した「こうあってはいけない」という要素も、必ず自分の中にはあります。でもそれは、受け入れるわけにはいかないので、あたかもないように振る舞います。

でも、いくらないように振る舞っても、それは厳然と存在するわけで、表面から消えて、心の奥底に押し込まれているだけです。心理学では、この心の底に押し込まれた「こうあってはいけない」想いや衝動を「シャドー(影)」と呼んでいます。心の底に押し込まれると、実態以上に巨大化してモンスターになっているので、本書では「シャドーのモンスター」と呼ぶことにしましょう（心理学の学術用語ではありません）。


いま、「シャドーのモンスター」が、心の底に押し込まれた「こうあってはいけない」想いや衝動で作られる、と述べました。心理学者たちは、それにさらに抑圧された死の恐怖や、母親の子宮を強制的に追い出されたトラウマ（オットー・ランクが発見したバーストラウマ＝7章で説明します）、抑圧された性欲（フロイトが発見）など、様々な他の要因も重畳して付着し、巨大に膨れ上がっていることを発見しました。

あるいは、親子の葛藤に起因する親のモンスター(10章で説明)、嫌みな上司のモンスターなど、その他にも無数の個別のモンスターも重畳しております。モンスターという表現は、このように葛藤の発生要因を特定できるので便利です。
一般に、葛藤が強い人ほど「シャドーのモンスター」も強大に育っています。

ほとんどの人は「シャドーのモンスター」を心の奥底に抱え、あたかもそれがないように振る舞い、それが表に出て存在がばれてしまうことを極端に怖れ、不安になり、それに基づく自己否定にさいなまれて生きているのです。
心の奥底に押し込んでいるので、これらの一連のプロセスは、じつは表面的な意識レベルにはのぼってきません。自分ではわからず、無自覚なまま、なんとなく「怖れや不安」、「自己否定感」などを抱えているのがほとんどの人の生き様です。

さて、人間の心の深層構造についてお話してきました。これは天外が勝手にねつ造した理論ではなく、深層心理学としてすでに世の中に定着している考えです。ただし、心理学では「シャドーのモンスター」ではなく、単に「シャドー」と呼んでいます。天外がシャドーの実態を、よりリアルに感じてほしいため、あえてモンスターという表現を採用したのです。

人間というのは、表面的に見えている人柄や性格だけではなく、心の奥底に「シャドーのモンスター」を抱えており、それに大きく影響されて人生を送っている存在だ、ということを深層心理学が明らかにしてきました。

ここまで述べてきた、人間の心の深層構造を、もう一度整理してみましょう。「こうあるべきだ」というポジティブな側面を代表する「ペルソナ」と、「こうあってはいけない」というネガティブな側面を代表する「シャドーのモンスター」の二極に分かれています。これが「分離」といわれる状態です。

「実存的変容」というのは、このふたつが「統合」することをいいます。「分離から統合へ」という表現の裏には、このような複雑な構造があるのです。

人は、自らの心の深層構造を通して外界を眺めます。「ペルソナ」と「シャドーのモンスター」、ポジティブとネガティブの二極構造（二元性）を通して外界を眺めれば、すべてが二極分化して見えるのは当然でしょう。

その二極分化は、すべての出来事を「いい・悪い」に分離し、すべての人を「善人・悪人」に分離し、すべての集団を「正義・悪」に分離します。本当は、すべてが多様なグレイなのに、それを「白・黒」と分離しないと気が済まないのです(12章で詳しく述べます)。

自分の外側の世界に「いい・悪い」や「正義・悪」があるのではなく、自分の内側の二極構造を通して見ると、どうしてもそう見えてしまうということです。これを心理学では「投影(プロジェクション)」といいます。

3章で述べた、「あんたが悪い」というのは、明らかに「シャドーのモンスター」の投影です。お子さんに投影すれば、「悪い子」を創り出してしまいます。それが、子育てがうまくいかないで親子の葛藤を激しくしてしまう主な要因であり、いかにしてその状態から離れるか、というのが本書の基本的なテーマです。

お子さんだけでなく、お店の店員さんやタクシードライバーなどの第三者にも、盛んに投影をしているでしょう。投影が極端な場合には「天敵」が現れます。

葛藤が強く、「シャドーのモンスター」が強大だと、投影する相手が多くなり、「悪人比率」が高くなります（3章）。

「天敵瞑想」で、「天敵」が消滅するのは、自らの内側の「シャドーのモンスター」が少しおとなしくなり、そのフィルターを通して見なくなるので、印象が変わる、というのが心理学的な説明です。しかしながら、天外は単に印象が変わるだけではなく、本当に変わってしまう、という可能性を捨てていません。

心の内側を整えたら相手が変化する、などということは科学でも心理学でも説明できないのですが、どう考えてもそうとしか思えないような事例、印象が変わっただけとは到底思えない事例にたくさん出会っているからです（2章）。何か、いまの科学では説明できないメカニズムがあり、心の内側がそのまま外の世界に反映している、というおぼろげな仮説です。

「私が正しい」という信念は明らかに「ペルソナ」の投影ですが、単なる投影とはちょっと違った側面もあります。

本章の冒頭の1章からの引用では、「葛藤の反作用」という言葉を使いました。本章の言葉を使うと「シャドーのモンスター」の反作用ということになります。単に「ペルソナ」を投影しているだけでなく、「シャドーのモンスター」があるからこそ、「私が正しい」という信念が生まれてくる、ということです。

わかりにくいと思いますが、もう少し丁寧にお話しいたしましょう。

上述のように、人は誰しもが心の奥底に「シャドーのモンスター」を抱えております。しかしながらそれは、「あってはいけない」と抑圧したものなので、本人は表面的な意識レベルでは気付いておらず、ないことにしています。ところが、完全に消し去ることはできず、心の奥底では「シャドーのモンスター」が表に出て、存在が明るみに出てしまうことに対する「怖れと不安」を抱えています。それはまた、「自己否定感」に繋がっています。

じつは、その「怖れと不安」、「自己否定感」を覆い隠すために、人は「私が正しい」という信念を無意識のうちにまとうのです。上記で「葛藤の反作用」と述べた内容を、より詳しく見ていくと、自分の弱みを見せないための「鎧《よろい》」という表現が最も適切です。

子育て金言集──⑫

「私が正しい」という信念は、自分の弱みを覆い隠す「鎧」。「鎧」を着て叱る親の元では、子どもは「まとも」に育ちません。

3章で、「心の底からこみあげてくる〝イライラ感〟のようなものを、お子さんにぶつけていませんか？」と述べました。理性的に子どもをよくしようと思って叱るのではなく、ほとんどの場合、親は単に自分の「イライラ感」をぶつけています。その「イライラ感」の中に、上記の「怖れと不安」が確実に入っています。

「私が正しい」という「鎧」をまとわなくてはいけないのは、その証拠です。子育てのつもりが、「天敵」と戦う時と同じメンタリティーになってしまっているのです。これでは、お子さんはたまったものではありません。とても「まとも」には育ちません。

本当に、お子さんの成長を願うのだったら、「強く正しい親」を捨てることがまず求められます。「私が正しい」という「鎧」を脱ぎましょう。お子さんを強引に強制するのをやめて、弱っちい自分をさらけ出して、「自分はこう思う」、「こうしてくれると、私は嬉しい」、「あなたがそれをすると私は悲しい」というように、自分の心をそのまま表現しましょう。

それができれば、お子さんは見違えるように光り輝いてきますよ。

5章

「意思の力」を育てる！

3章の冒頭で、「なぜあなたに『イライラ感』が募るかというと、あなたの『こうあってほしい』、『こうしてほしい』という思いと、お子さんの言動がずれているからです」と述べました。この「こうあってほしい」、「こうしてほしい」という思いを、私は「コントロール願望」と呼んでいます。本章では、親の「コントロール願望」の弊害と、なぜそれが出てくるかについて述べます。

まともな子育ては、自らの「意思」をはっきり持った子を育てることだ、ということには誰も異論がないでしょう。自分の意思がはっきりしていなかったら、どんなに勉強ができても人生の荒波を渡っていくことはできません。逆に、勉強はさっぱりできなくても、物事の見方がまともで、意思がはっきりしており、それを的確に表現できたら、社会の中でリーダー的な役割を立派に果たしていけるでしょう。

つまり、その子の人生にとっては、「勉強ができる」ことより「意思の力」の方がよほど大切なのです。

4章で、ほんのわずかですが脳科学について触れました。人間の脳は、猿から進化したときに急激に発達した、論理、言語、理性などを司る「大脳新皮質」と、爬虫類時代までに発達し、生命活動や情動、直感などを司る「古い脳」に機能がわかれています。

家に例えるなら、「大脳新皮質」は建屋、「古い脳」は土台に相当します。いくら建屋が立派でも、土台が貧弱だったら、家としては欠陥商品ですね。それと同じように、「古い脳」が未発達なうちに、「大脳新皮質」をいくら鍛えても、「まとも」には育ちません。

これは、脳科学などまだ出現していなかった、シュタイナーやモンテッソーリの時代に、彼らは直感的に把握しており、いまの言葉でいえば「古い脳」がしっかりと発達するような教育学を提唱しました。

上の例でいうと、「勉強」は「大脳新皮質」、「意思の力」は主として「古い脳」が担当しております。「勉強」ができなくても「意思の力」がしっかりしていれば、まともに生きていける、と述べましたが、これは建屋が少々おんぼろでも土台がしっかりしていれば家としては何とか機能する、と例えられるでしょう。

シュタイナー教育やモンテッソーリ教育は人間としての土台の構築を最も重視した教育学です。日本では、澤柳政太郎《さわやなぎまさたろう》（成城学園創立者）、小原國芳《おばらくによし》（玉川学園創立者）、羽仁《はに》もと子・吉一《よしかず》（自由学園創立者）などの大正自由教育運動の面々、戦後に新しい保育を提唱した斎藤公子《さいとうきみこ》などが、土台の構築を重視した教育を提唱してきました。

幼児期にそういう教育を受ければ、「意思の力」がしっかり育ちますので、その子の人生は順調でしょう。

シュタイナーやモンテッソーリなど、百年以上前の教育者が人間としての土台の構築の重要性を直感的に把握し、その後それが脳科学により裏付けられているにもかかわらず、どうしたわけか、それは日本社会には根付いていません。「大脳新皮質」を鍛える教育ばかりに目が行っている感じです。

驚いたことに、いまの日本の教育学者や教育の専門家で、土台構築の重要性に気付いている人は、それほど多くないように見受けられます。ましてや、保育園や幼稚園の経営者、保育者、学校の先生、さらには一般の親御さんたちには、遠い話でしょう。

これは「ティール時代」以前の、日本社会における教育の最大の問題であり、私が書いた教育関係の三冊の本（まえがき参照）でも強調しております。

その結果、幼児期から文字や計算などを教えて「大脳新皮質」を鍛える教育が盛んに実施されています。「古い脳」を鍛えるべき時期に、「大脳新皮質」を発達させてしまうと、その子は人間としての土台が未発達のまま育ってしまいます。

もしいま、幼児がいらっしゃるご家庭では、保育園や幼稚園で文字や計算、英語などを教えていないか、チェックしてみてください。もし教えているようだったら、即刻別の園に移った方が、お子さんのためです。

幼児は、ひたすら泥んこになって遊んでいるだけでいいのです。それで、土台となる「古い脳」が鍛えられ、お子さんはまともに成長・発達します。

さて、ここまでは、どちらかというと原理的、システム的なお話でした。ここから、子育ての本題に入ります。

当然のことながら、幼児の「意思の力」は貧弱です。何かを決めさせてもとんちんかんな決断をすることが多いでしょう。親が決めて、それを押し付けた方が、すべてはスムースに回ります。

これが、幼児期の子育ての落とし穴です。親がすべてを決めて、それに唯々諾々《いいだくだく》と従って育ってきた子は、「意思の力」が育ちません。土台が貧弱になり、その後いくらお勉強をして立派な建屋を作ったとしても、まともに住める家にはなりません。

子育て金言集――⓭

お子さんの「意思の力」を育てるためには、どんなにとんちんかんになろうとも、お子さん自身の決断を尊重することが大切です。

これは、親御さんにとっては、かなり忍耐を強いられる子育てになります。「こうした方がいい」とわかっていても、その思いを抑えて、お子さんのいうことに従わなければいけません。結果が悪くても叱ってはいけません。「ああ、こっちは駄目だったねぇ…」と、親御さんも初めて気づいたという態度をとるのです。徹底的に、お子さんの目線や思考パターンに寄り添う必要があります。

これを徹底しているのが、１９６８年からダニエル・グリーンバーグがアメリカのボストン近郊で始めた「サドベリー教育」です。４歳から18歳までの子が学んでいますが、指示・命令、褒めること、叱ることなどが禁止されており、大人の価値観・倫理観などを子どもに押し付けることもしません。

定められた授業もなく、子どもたちは自分で学びたいと思ったら、自分で授業を企画して、仲間を集め、先生と交渉します。上から降ってくる授業はないので、ほとんどの子は一日中広いキャンパスの中で遊んでいます。それでも不思議なことに、卒業生の成績はよく、大学進学率は全米平均をはるかに上回っています。

日本でも「サドベリー校」は、10校以上開校していますが、アメリカと違って公教育としては認められておらず、いずれもフリースクール扱いになっています。

上述の斎藤公子保育は、子どもの土台造りをとても大切にしており、自由意思を尊重しています。それでも、大人からの善意の強制は結構あります。たとえば、テレビやゲーム機は厳禁だし、幼児の「大脳新皮質」を刺激しないように、文字や数字がプリントされたシャツは禁止しています。

ところが、サドベリー教育では大人の価値観の強制は絶対にしないというポリシーのため、一切のコントロールをしません。結果的に子どもたちはゲーム三昧になっています。

たまたま、北海道の札幌と、沖縄の那覇で、サドベリー教育の主催者のお子さんが斎藤公子保育園に通っていたので、そのふたつの教育方法の違いを学ぶ講演会を天外が企画しました。

結果的に両方とも大失敗でした。

那覇では、斎藤公子保育園の園長先生が6人も来てくれたのですが、ゲーム三昧のサドベリー校を見学してびっくり仰天してしまいました。講演会が終わってからも百人以上が残って、ゲーム機を禁止することの是非について夜中まで激しい討論を行いましたが、お互いの信仰ともいえるフィロソフィーは溶け合うことはできず、翌年の開催はできませんでした。札幌では、2年連続で開催いたしましたが、やはり溶け合うことはできませんでした。

じつは、一見矛盾しているように見える複数の教育学が「なぜそういうフィロソフィーを採用したのか」という点を探求していくと、教育の神髄がひも解けていきます。自分と違う信仰に耳を傾けることが、とても大切なのですが、私のやり方がまずかったのか、沖縄でも札幌でもそこまでの探求はできませんでした。

同じように、人間としての土台の構築を尊重して、「意思の力」が育つような素晴らしい教育をしていても、お互いになかなか溶け合うことができないのが現状です。「排他的」、「閉鎖的」、「独善的」になってしまっているというのが、いまの日本のオルタナティブ教育界の大問題です。

これは、本書の趣旨とは、またちょっとずれていますので、この辺にしておきましょう。

さてここで、本章の冒頭に記した「コントロール願望」を思い出してください。親は、自分のお子さんを支配下に置き、常に自分のコントロール通りに動かしたい、という強い欲求を必ず持っています。

それがあると、お子さんの「意思の力」の発達を阻害することになることは、すぐにおわかりでしょう。

子育て金言集――⑭

お子さんを自分の支配下に置き、コントロールしようとすると、お子さんの「意思の力」の発達を阻害します。

親のコントロール通りに「はい、はい」ということを聞く子は、親から見たら「いい子」であり、楽かもしれませんが、怒られるのが怖いので「意思の力」を失ったロボットになっており、子育ては完全に失敗しています（3章）。

逆に、お子さんが親御さんのいうことを聞かなかったら、まだ「意思の力」が健在であり、順調に育っている可能性が高いのです。3章の子育て金言集⑩を再掲します。

子育て金言集――⑩

お子さんが、あなたのいうことを聞かなかったら、喜んでください！　お子さんは順調に成長しています。

あなたの「コントロール願望」が、どこから出てくるかというと、じつは「私が正しい」という信念と同じく、「シャドーのモンスター」からです。「私が正しい」、「あんたが悪い」の、ひとつの別の表現が「コントロール願望」になるといってもいいでしょう。

ですから、葛藤が強く、「シャドーのモンスター」が強大に育っている人ほど「コントロール願望」も強くなります。

繰り返しになりますが、「シャドーのモンスター」を統合することが「実存的変容」です。「シャドーのモンスター」は、「私が正しい」、「あんたが悪い」という信念、あるいは「コントロール願望」として表現されているので、それらが減少する方向へ向かえば変容が進みます。

子育て金言集――⑮

「私が正しい」、「あんたが悪い」という信念、あるいは「コントロール願望」がなくなれば、子育てはとてもうまくいきますが、いきなりはなくせません。まずは、自分の中にそれらが存在することに気づき、しっかりと意識しましょう。

6章

「フロー」で
子どもが育つ！

イタリアで初めての女性の医学博士となった、マリア・モンテッソーリ（1870－1952）は、知的障害のある子の教育に著しい成果を上げた教育法を、一般の幼児教育として展開しました。それが、最近多くの有名人を育てたことで話題を呼んでいるモンテッソーリ教育です。

1章では、天外の経営学のベースになった、チクセントミハイの「フロー理論」について触れました。「フロー」というのは無我夢中で何かに取り組んでいるときの特殊な精神状態を指し、時に奇跡を呼びます。スポーツの世界では、同じことを「ゾーン」と呼んでいますが、試合中に、練習でもできなかった素晴らしいプレーをして、強豪に勝ったりします。

天外は、技術革新を次々に成し遂げて奇跡の成長を果たした創業期のソニーが、社員が「フロー」に入る条件を整えていたことを発見して「フロー経営」として体系化しました。

マリア・モンテッソーリは、チクセントミハイが研究に着手する50年も前に、同じ現象を発見して、それを取り入れた素晴らしい教育法を確立しました。彼女は「意識の集中」と呼びましたが、本書では「フロー」という用語で統一します。

彼女は、「フロー」が単にパフォーマンスが上がるだけでなく、子どもの人間的な成長に抜群の貢献をすることを発見し、「フロー」に入りやすい教具をつくり、様々な工夫を凝らしました。

モンテッソーリ教育の中から、いくつかの子育て金言を拾い出しましょう。

子育て金言集──⑯

子どもは、指示命令や強制がない完全な自由が与えられると、ひとつの作業に集中する「フロー」に入ることがあります。「フロー」が妨げられずに作業が完遂できると、子どもは深い満足感が得られ、劇的に態度が変わります。これを「正常化」といいます。子どもがみんな「正常化」を達成すると、ほかの子の邪魔をする子はいなくなり、集団としての秩序が保たれます。深い共感、愛情、好意、相互援助、連帯意識に満たされた社会が、自然に発生します（モンテッソーリ）。

子育て金言集──⑰

子どもに指示・命令をする、間違いを訂正する、褒める、などは「フロー」を妨害します。一切の束縛をなくし、完全な自由を与えなければいけません（モンテッソーリ）。

子育て金言集──⑱

子どもの「フロー」が妨害されると、子どもは意識的に悪いことをしてウップンをはらします。それが重なると、行儀が悪く、気まぐれで、不注意で、不機嫌な子が育ちます（モンテッソーリ）。

私は、このモンテッソーリ教育を知った時、心の底から驚愕しました。企業経営の分野で発見し、ようやく体系化した「フロー経営」の内容が、そっくりそのまま教育学として提示されていたからです。子どもでも大人でも、「フロー」に入るための条件は同じであり、私が経営者の心得として書いてきたことと、モンテッソーリ教育における先生の心得が、ほとんど同じでした。私自身が教育という分野にのめり込んでいったのは、この驚きがきっかけです。

これは、企業経営における様々な考察が、そのまま教育学にも生きることがわかったという体験です。その後、逆にブラジルのセムコ社のように、最先端の企業経営が教育学（ニイルの教育学、11章）から学んでいることも読み解けるようになりました（天外著『マネジメント革命』講談社）。

経営学だけ、あるいは教育学だけを追求している人より、少し複眼的に眺めることができるかもしれません。

さてここで、私事になりますが、私自身の子育て体験のお話をさせてください。私は、67歳の時に、男の子をひとりもうけました（孫ではないですよ）。一番上の子とは34歳違いになります。

本書を書いているのも、この子の子育て体験を通して気付いたことがベースになっております。

教育のことがいろいろわかってからの子育てなので、全面的に「フロー教育」を実施しました。

まずは、隣の神奈川県平塚市にあった斎藤公子保育園にゼロ歳から入れました。これは大成功で、風邪ひとつ引かない丈夫な子に育ちました。また、6年間毎日「リズム運動」というのをやったので、運動能力が抜群に高くなりました。この子の人間としてのベースは、この6年間で培われたと思います。

じつは斎藤公子保育との出会いで、ちょっと神秘的で、不思議な話があります。斎藤公子が亡くなったのは、2009年4月16日、この子が生まれたのはその4日前の12日です。斎藤公子の追悼記事が、4月19日の読売新聞に三段抜きで出ました。他の新聞には出なかったようです。

私の家は日経新聞を取っていたのですが、なぜかその日だけ、読売新聞が誤配されてきたのです。後にも先にも、誤配はこの日一回きりです。

私は、その記事で初めて斎藤公子のことを知り、この人はただものではないと感じ、斎藤公子保育園を探したら、隣町の平塚市にあったということです。

まるで、神様がこの子を斎藤公子保育園に入れるために、わざわざ読売新聞の誤配を仕組んだとでも解釈しないかぎり、偶然性ではとても確率的に説明できないような出来事でした。

「フロー教育」の基本は、本人は何が好きで、何にのめり込めるかを見極めることです。この子は3歳になると、馬に夢中になることが観察されました。ユーチューブの馬の動画を夢中で見るようになり、椅子に座布団で馬を作り、手綱や鐙《あぶみ》もひもで作るという凝りようでした。公園のポニーの曳き馬に乗せると、とても喜びました。

これは、絶好の「フロー教育」のチャンスです。八方手を尽くして探すと、小さなポニーが調教されており、幼児から乗馬訓練をしてくれる施設が長野県に見つかりました。親子の乗馬キャンプがあるので、私も母親も乗馬を始めました。私は、71歳で初めて馬に乗りました。

4歳からの3年間、その長野の乗馬教室主催のモンゴル乗馬ツアーに毎年行きました。一週間の間、毎日朝から晩まで馬に乗りづめです。8月のモンゴルの大草原は、一面お花畑。その中を馬で走る爽快さは、子どもだけでなく、親も夢中にさせるほどの魅力がありました。遠く離れた遊牧民のゲルまで行って泊めてもらったのも素晴らしい体験になりました。

子どもが6歳の時には、大きな馬にひとりで乗って、片道18㎞の道程を、ほぼ駆け足と速足で往復するまで、上達しました。

ここまでは、「フロー教育」の成功例です。これから、それが失敗に転じていったお話をします。

モンゴル人は、子どもが6歳になると馬に乗せます。モンゴル馬は道産子や木曽馬と同じ大きさで、サラブレッドなどに比べるとかなり小さいのですが、それでも子どもの身体がある程度まで育たないと乗れません。それが、6歳なのでしょう。

うちの子は、3歳から小さなポニーでトレーニングしていたので、6歳になった時には「モンゴル人より乗馬が上手だ」と褒められました。

ちょうど指導者が引退してモンゴルツアーがなくなったこともあって、長野に通うのをやめて、子どもの才能をさらに伸ばすべく、本格的に馬術を教えてくれるところに毎週通わせることにしました。

ところがそこは、スパルタ式で厳しくしごく教室だったのです。うちの子は、大人のいうことを聞かないように育ててきたので、突然怒鳴られて、強制されて、びっくり仰天してしまいました。

「先生は『おはよう』というのに、俺たちはどうして『おはようございます』といわなくてはいけないの？」と聞かれたとき、「お前、いいところに気づいたな」などと答えたものだから、余計にいじめられたようです。

たしかに、緩い長野の乗馬クラブとは違って、馬術トレーニングは本格的。でも、あれほど好きだった乗馬なのに、次第に行くのを嫌がるようになりました。それでもなだめすかして、1年間通わせましたが、もう限界だというので、仕方がないね、またあの緩い長野に戻ろうか、と提案。ところが、時すでに遅し、スパルタ教育のおかげで、乗馬まで嫌いになっていました。

「フロー教育」というのは、子どもの「好きになる力」、「夢中になる力」、「のめり込む力」を引き出す対象を見つけ、それに没頭させることによって「フロー」を体験させる、という方法論です（天外著『創造力ゆたかな子を育てる』内外出版社）。

このケースでは、せっかく子どもが夢中になれる対象を見つけたのに、馬術の技量の向上というところに、親の欲が行ってしまい、結果的に「フロー教育」を破壊してしまったのでした。

しかしながら、それまで幼少期4年間の乗馬による「フロー体験」は、この子の人間としての土台作りにはとても有効だったと信じています。

たまたま、親の欲からスパルタ教育に巻き込み、それへの嫌悪感から乗馬嫌いにさせてしまったのですが、心の奥底にある馬への愛着は、おそらく失っておらず、また機会を見て乗馬をすすめてみようと思っています。

ただし、1年間のスパルタ教育の厳しい体験は、必ずしも無駄になったわけではなく、思わぬところで威力を発揮しました。やはり、どんなことでも無駄にはなりません。

生意気で、大人のいうことは聞かないので、小学校の先生には毎年結構いじめられました。大好きな体育の授業をずーっと受けさせてもらえなかったり（小1から体操教室に通っており体育は大得意、跳び箱は10段を飛んでいました。おそらく先生より上手。たぶん生意気なことをいったのでしょう）、3時間にわたって廊下に立たされたり（授業中の悪ふざけ）、昼休みに校庭に出てはいけないと何日も謹慎させられたり（昼休み終わってもなかなか戻らなかった）、しょっちゅう罰を受けておりました。

毎年、それぞれの先生から悪童として目をつけられた、といった感じです。

「フロー教育」で育てると、どうしても先生の目から見ると悪童に見えるような子に育ちますので、これは致し方ないことです。先生の指示に絶対的に従わなければいけない学校側のフィロソフィーと「フロー教育」とは、根本的に相容れません。

体育の授業を受けさせてもらえなかったときには、帯状疱疹がでましたので、結構精神的にも追い込まれていたと思います。ただし、本人は何もいわず、帯状疱疹の原因を親が知ったのは1年後でした。

しかしながら、友達との触れ合いは楽しいらしく、先生からのいじめにめげることなく、毎日元気に1日も休まずに学校に行きました。馬術教室に比べれば、たいしたことはないという認識のようでした。スパルタ馬術教室を経験していなかったら、おそらく不登校になっていたでしょう。

かなりたくましく育ったと思います。

うちはテレビもなく、文字や数字にもなるべく触れさせないようにし、斎藤公子保育のガイドラインは結構厳密に守りました。

斎藤公子保育では、描画をとても大切にしますが、家中の壁を全部落書き用のキャンパスとして開放しました。とても力強い落書きで家中が覆われ、家を建て替えるときには、この素晴らしい落書きを失うことが、とても悲しく残念に思われました。

小学校に上がると、ほかの子は全員ひらがなも数字も知っていることに愕然としたようです。しかしながら、幼児期に培った「フロー体験」は抜群の力を発揮し、3カ月でみんなに追いつきました。

普通なら、それでめでたしめでたしで終わるのですが、私はネガティブな側面も観察しました。というのは、その3カ月であれほど好きだった描画がぴったりと止まってしまったからです。1年後くらいに描画はほんの少し再開されましたが、昔の力強い線は失われていました。

やはり、7歳になっても文字や数字を覚え、大脳新皮質を鍛えてしまうと、古い脳の発達が止まってしまうようです。個人差はあるでしょうが、7〜8歳くらいまでは身体性と情動の世界で遊ばせた方が、子どもにとって自然な成長・発達につながるのではないか、というのが、いまの私の心境です。そういう意味では、公教育よりサドベリー校の方が子どもの成長には自然なのかもしれません。

この子が10歳になった直後の5月の連休には、大人二人、子供二人のチームで、長野から東京までの約300㎞の自転車の旅を敢行しました。テントは持たず、寝袋だけの野営で、全部自炊で4日間かかりました。標高960ｍの碓氷峠を超えたり、一日中雨の中を走ったり、雨を避けて橋の下で寝たけど、雨が吹き込んで寝袋がびしょ濡れになったり、いろいろなことがあったようですが、本人はつらいとは一度も思わず、楽しかったようです。それを聞いて、私はこの子の「生きる力」は、ほぼ確立できたと判断しました。

なお、この旅を先導してくれた大人は、長野の保育園「大地」の青山繁園長父子でした。深く感謝いたします。

7章

バース（誕生の）トラウマ

4章では、母親の子宮を強制的に追い出されたというトラウマ＝バース（誕生の）トラウマ、という言葉を出しました。本章では、それをもう少し詳しく掘り下げましょう。

母親が心身ともに健康なら、胎児は子宮の中でぬくぬくと育っていきます。このとき胎児は何の怖れも不安もなく、一生の中で最も幸せな期間です。これは、その後の人生における精神の安定のベースであり、したがって誰しもが「子宮回帰願望」を持っている、と心理学では教えています。

私は、この「子宮回帰願望」から、「引きこもり」というのは疑似的に母親の子宮に戻っている現象だ、という仮説を立て、「リバーシング（生まれ直し）・ワーク」という瞑想ワークを用いて塾生の「引きこもり」脱出に成功させた経験があります（注：リバーシングは、一般的には催眠療法の手法ですが、私は深い誘導瞑想ワークで実行しています）。現実の人生が厳しいと、誰しもが母親の子宮に戻ろうとするのです。

陣痛が始まると、それまでやさしく自分を包んでいた子宮が、突然痙攣して自分を圧迫します。これは、胎児にとっては驚愕の出来事です。それから、狭い産道を通って分娩に至るプロセスは、へその緒が圧迫されることにより血流が途絶え、例えようもない苦痛をともないます。これは、人間にとって最初で最大の試練になります。

このとき胎児は、自らの存在を否定されたと感じ、「自己否定感」の種が生まれます。それが、誰しもが生まれながらに抱えているトラウマとなっていることを発見したのが、フロイトの弟子のオットー・ランク（1884－1939）です。

キリスト教では、アダムとイブが神のいいつけに背いてリンゴを食べてしまったがために、人類全体が生まれながらに罪を負っているとし、それを「原罪」と名付けています。心理学者たちは、この「原罪」は「バーストラウマ」のことだ、と解釈しております。

世界的な宗教の基本的な教義のひとつになるほど、「バーストラウマ」というのは根が深いのでしょう。

子どもというのは、生まれ落ちた瞬間に「バーストラウマ」を負っている、ということは子育ての基本です。

子育て金言集—⑲

子育てというのは、誕生で負った「バーストラウマ」を、いかに癒していくかというプロセスです。「バーストラウマ」が膨れ上がっていくような育て方をするとお子さんは「まとも」に育ちません。

3章、4章で述べたように、「私が正しい」、「あんたが悪い」という信念と共に子育てをすると、間違いなくお子さんの「バーストラウマ」は、どんどん膨れ上がってしまいます。「バーストラウマ」というのは、「自己否定感」の源なので、その子は「自己否定感」にまみれてつらい人生を歩むことになるでしょう。

トランスパーソナル心理学の創始者、S・グロフ博士は、人間は周産期（出産前後）にいかなる体験をするかで一生が決まるという学説を提唱しております。

上記のリバーシングワークは、この学説に基づいており、不本意な周産期の体験を塗り替えて理想的な出産体験の記憶を疑似的に形成することにより、人生を別の路線に誘導します。

S・グロフは、周産期を次の4つのフェーズに分け、その後の人生というのは、単にこれらの4つのパターンを繰り返すだけだ、というかなり極端な主張をしました。誕生時に、そのどれかの体験が歪むと、一生その歪みを繰り返す、というのです。これは、バーストラウマをさらに細分化して、誕生時に様々なトラウマが発生する、という主張です。

①**BPMⅠ「母親との原初の融合状態」**＝陣痛が始まる以前の子宮で、母親と胎児は共生的融合状態にあります。

②**BPMⅡ「母親との拮抗作用」**＝子宮口が閉じたまま、強力な収縮が胎児を締め付けます。

③**BPMⅢ「母親との相助作用」**＝子宮口が開いて、胎児が産道に押し出され、降下していく困難で苦痛に満ちたプロセス。母親と胎児はプロセスの進行に協力します。

④**BPMⅣ「母子分離」**＝苦痛からの開放。目標達成。同時に母親との悲しい別離。

（注：BPM＝Basic Perinatal Matrices＝基本的な周産期の環境、マトリックスには子宮という意味もあります）

誕生後の一生の体験で、とても楽しい出来事はＢＰＭⅠ、出口のない苦しみや突然の裏切りなどの出来事はＢＰＭⅡ、目標に向かって苦しい努力をしているときはＢＰＭⅢ、目標達成や成功はＢＰＭⅣの繰り返しだ、という説です。成功が手放しでは喜べず、その後燃え尽き症候群に陥ることもあるのは、ほのかに母親との悲しい別離の記憶を伴うからだそうです。

天外は、Ｓ・グロフの説を少し変えて、人間は生まれるときにこの４つの記憶の引き出しを作り、その後の人生におけるあらゆる記憶をそのどこかの引き出しに収納する、と説明しております。同じ引き出しに収納された記憶は連鎖しており、芋づる式に出てきます。

Ｓ・グロフの「一生の体験はＢＰＭを繰り返しているだけだ」という上記の説を聞くと、一瞬「えっ！」と詰まりますが、むしろ単なる芋づるではなく、ひとつの歪みが次の歪みの要因になることを強調していると解釈すると納得できます。それぞれのＢＰＭの中で、ひとつの歪みが要因となって次の歪みを生む体験を引き起こし、次々に歪みが伝搬していく、という考えです。

たとえば、出産時の歪みが原因となって親との関係が歪み、そこで受けたトラウマが友人やパートナーとの人間関係の歪みになり、さらにそれが原因で自分の子どもとの関係がおかしくなる…などといった連鎖です。

さて、オットー・ランクの「バーストラウマ」と、S・グロフの「BPM理論」の説明をいたしました。いずれの理論からも、その人の人生にとって、母親の胎内でぬくぬくと育っていた時期（BPMI）の重要性が浮かび上がってきます。

もちろん、もう生まれてしまったお子さんが母親の胎内に戻ることはできませんが、冒頭の「引きこもり」の例でわかるように、疑似的な胎内体験を作ることは可能であり、とても効果があると思われます。

幼児に、狭く、温かい、ピンク色の、居心地のいいスペースを造ってあげたら、精神の安定に貢献すると思います（同様の主旨はシュタイナーの幼児教育の中にもあります）。それが出来なかったら、あなたがちょっと長めにハグするだけでも十分な疑似的な胎内体験になります。

子育て金言集──⑳

お子さんが育つうえで、「疑似的な胎内体験」がとても大切です、長めにハグするだけでも効果がありますが、狭い居心地のいいスペースがあることがおすすめです。

8章

親から子へ伝搬する「自己否定感」

一般に子育てというのは、「粗野で、物事がわかっておらず、動物的な幼児に、社会的ルールとマナーを教え込み、社会の中で通用する立派な人間に育てる」と信じている人が多いでしょう。これは、いままでの子育ての常識ですが、「調教」の子育てであり、本書はそこから脱却することを説こうとしています。

この「調教」のフィロソフィーで育てると、親に従順で大人のいうことをよく聞き、勉強もでき、一見素直で扱いやすい子になります。友達もたくさんでき、「いい子に育ちましたねぇ」と褒められるでしょう。

ところがその子は、創造力も生きる力も乏しく、意思の力が弱く、「自己否定感」が強く、受動的なロボットに育ってしまっているのです。

いま、ほとんどの家庭で「調教」的な子育てが実行されていますが、それだけでなく、公教育の基本も「調教」です。

開国した日本は、産業革命により圧倒的な軍事力を身につけた列強の侵略圧力に対抗するために、「富国強兵」を国是にしました。明治政府は、ドイツの高名な哲学者ヨハン・フィヒテ（１７６２－１８１４）を筆頭にする「国家主義教育学」を採用しました。国家に奉仕する国民の育成が重視され、銃弾飛び交う戦場で鉄砲を持って突撃ができる「戦士」を調教する教育になりました。

戦後は、それが「企業戦士」の育成に代わりましたが、「国家主義教育学」の中心軸はぶれませんでした。

私自身も若い頃には、まんまとその路線に乗せられ、「企業戦士」として激しく戦っていました。日本のエレクトロニクスが、一時は世界を席巻しましたが、その大攻勢の一翼を担った自尊があります。

その頃は「24時間戦えますか！」などというテレビCMが流れた時代でした（P25、1章）。

ところが時代が変わり、人々の意識も変わりました。いま、「24時間戦えますか！」というテレビCMがまったくとんちんかんなのは、誰でも感覚的にわかるでしょう。

「調教」で育ってきた企業戦士たちは、勤勉で仕事熱心で、協調性があり、ひとつの方向に猪突猛進する傾向がありました。システムの中の歯車のひとつとして、とてもよく機能したのです。日本が欧米に「追いつけ、追い越せ」といっている間は、進むべき方向性が明らかで、彼らは大いに力を発揮し、日本の高度成長に貢献しました。ところが、模倣していればよかった時代が終わり、いざ新しい方向性を開拓しなければいけないフェーズに入ると、独創性のない彼らはどうしようもありません。社会が、「調教」で育ってきた企業戦士を歓迎しなくなってきたのです。

そういう風潮の中で、まえがきに述べたように「実存的変容」の大きな波が押し寄せようとしているのです。今後、「調教」で育った子どもは、古い従来の常識を身につけてしまい、人類の進化の抵抗勢力になり、時代の流れに逆らって、悲惨な人生を歩むことになるでしょう。

「調教」に代わる子育てのフィロソフィーは何でしょうか。そのヒントは、7章で述べた「バーストラウマ」にあります。子育て金言集⑲をもう一度載せます。

子育て金言集――⑲

子育てというのは、誕生で負った「バーストラウマ」を、いかに癒していくかというプロセスです。「バーストラウマ」が膨れ上がっていくような育て方をするとお子さんは「まとも」に育ちません。

「調教」で育った子どもは、確実に「バーストラウマ」が膨れ上がります。それは、叱責するときに必ず「あんたが悪い」という信念を押し付け（3章）、子どもの「自己否定感」を強化しているからです。

「あんたが悪い」という信念は、「自己否定感」の源である「シャドーのモンスター」から生まれ出てくる、ということをすでに述べました（4章）。

どういうことかというと、「自己否定感」が強い親ほど「調教」的になり、お子さんの「自己否定感」をどんどん膨れ上がらせてしまいます。親から子へ、「自己否定感」が伝達されるのです。

子育て金言集――㉑

「調教」的な子育ては、親の「自己否定感」をお子さんに押し付ける「自己否定感」の連鎖になっています。その連鎖を断ち切るのが新しい子育てです。

日本に限らず、世界の主要な国では、もう何百年となく、程度の差はあるものの「調教」的な子育てが実践されてきました。それは、親から子へ、子から孫へと綿々と「自己否定感」を伝え、その連鎖の上に成り立っている社会を営んできたのです。

その「自己否定感」を投影して悪い人をねつ造し、多くの人がそれと戦うことで人生の大半を過ごしています。「自己否定感」のおかげで、常に「怖れと不安」にさいなまれ、戦っていないと精神が安定しないのです。皆が戦っているので経済は活性化され、とてもダイナミックなのですが、ある意味では、どうしようもなく脆い、不安定な社会といえます。自殺者が多い日本社会は、特にその傾向が強いでしょう。

日本社会の「自己否定感」の強さに気づいている人は多く、「自己肯定感」を高めましょうという声はよく聞かれます。「自己肯定感」を高めるためのセミナーも、たくさん開かれております。

ところが、「自己否定感」の大元は「バーストラウマ」だし、それが連鎖してしまう要因は「シャドーのモンスター」だし、意識レベルで「自己肯定感」を高めようとしてもできるものではありません。

セミナーを受けた人が、受講後でも自己否定している自分を発見して、「あ、また自己否定してしまった。自分はなんてダメなんだろう」と自己否定感を募らせ、自己否定の無限ループに入っていることが良くあります。これは救いようがありません。

「自己否定感」そのものは、あらゆる悩みや人間関係のトラブルの要因であり、世の中では限りなくネガティブにとらえられており、何とかなくそうと誰しもが思っています。

ところが、世の中ではあまり知られていませんが、「自己否定感」と、それに基づく「怖れと不安」は、「がんばり」、「努力」、「向上意欲」などの源泉という側面もあります。皆、

「いまの自分ではいけない。もっと優れた自分になりたい」という思いから、がんばり、努力して能力を向上させてきたのです。

学校でも会社でも、人間が一番弱い「怖れと不安」を刺激してがんばらせようとします。そのおかげでがんばって能力は向上するのですが、同時に「自己否定感」も強化されてしまいます。

社会全体がそうなので、誰も疑問には感じていません。

もう少し大きな構図で語ると、文明が発展して、経済が伸び、私たちがいま、豊かで便利な社会を享受できているのは、人々の「自己否定感」に基づくがんばりのおかげ、ともいえます。つまり、いまの社会の推進力が、なんと「自己否定感」なのです。したがって、豊かさ、便利さの裏側に、すさまじい競争社会、争いの多い社会が出現しています。

もう一度整理しますと、いま世の中で限りなくネガティブにとらえられている「自己否定感」が、じつは、限りなくポジティブにとらえられている、がんばり、努力、向上意欲などの源泉であり、それが社会の推進力になっており、文明が発展し、経済が伸びる大元になっている、ということになります。
そしてその「自己否定感」が、親から子、子から孫へと何世代も、何世代も綿々と受け継がれてきた、という驚くべきストーリーが明らかになってきました。

まえがきで述べた、「実存的変容」の大きな波は、すでに到達しています。その証拠は、F・ラルーが発見したように、「ティール組織」が次々に自然発生的に出現していることです。

ただ、現在はまだ波の先端がほのかに到達した、という感じでしょう。「実存的変容」を遂げた人は、まだごく少数であり、新しい常識は珍説として笑い飛ばされます。本書の内容も、抵抗感を持つ人、受け入れがたい人、の方が多いと思われます。

「自己否定感」が少なくなった人が、子育てをし、それが二世代にわたって回る頃に、つまり、いまから50~60年後にようやく本格的なパラダイムシフトを、一般の多くの人々が実感するようになるでしょう。

その頃に本書を出版すればベストセラー間違いなしなのですが、ちょっと早すぎましたね（笑）。

このパラダイムシフトが、極めてドラスティックだとまえがきで述べました。「自己否定感」は、悩みや人間関係のトラブルの要因だったので、それがなくなれば平和で優しい社会が到来すると思われます。しかしながら、だからといってバラ色の未来とは限りません。

「自己否定感」はまた、いままで何百年もの間、文明や経済の発展を支え、社会の推進力だったわけで、それがなくなるということの影響は極めて大きいでしょう。「自己否定感」によるネガティブなエネルギーではなく、「フロー」によるポジティブなエネルギーを使うようになると思われますが、その様子はまだクリアには描けません。いずれにしても、国のＧＤＰはどんどん下がることは間違いないでしょう。

本格的なパラダイムシフトが来るのが、まだ少し先だといっても、いま手をこまねいているわけにはいきません。親から子へ伝わる「自己否定感」の連鎖を、いますぐに断ち切ることをしないと、波においていかれます。

あなたは、60年後にはもうこの地上にいないかもしれませんが、あなたのお子さんはまだ生きている可能性があります。その子が、どういう人生を生きるかが、あなたの決心にかかっているのです。

9章

「自己肯定感」をはぐくむ子育て

たとえパラダイムシフトのことを一切知らなくても、わが子の「自己肯定感」を高めたいという希望は誰でも持っています。「自己否定感」が様々なトラブルの原因であり、「自己肯定感」の高い子の方がいい人生を歩むことはよく知られています。

しかしながら、まず配慮していただきたいのは、お子さんの「自己肯定感」を高める以前に、「自己否定感」が膨れ上がらないように注意することです。つまり、8章で述べた「調教」的な子育て、3、4章で述べた「私が正しい」、「あんたが悪い」という信念丸出しの子育てから脱却することです。

これは、あなた自身の変容の進行にかかわってくるので、一足飛びにはできませんが、もしできたら、これだけでもお子さんの「自己肯定感」ははるかに上がるでしょう。

なぜ褒めてはいけないのでしょうか?

多くの人が、「自己肯定感」をはぐくむために「褒めろ!」と説いています。ところが、モンテッソーリ教育でも、サドベリー教育でも褒めることは厳禁です。

モンテッソーリ教育は、5章で述べたように「フロー教育」です。サドベリー教育は、特に「フロー」を強調しておりませんが、内容を見れば、明らかに子どもたちが「フロー」に入ることを重視しています。勉強よりも遊びを大切にしており、子どもたちが遊び尽くすことにより「フロー体験」を積むことが教育のベースになっています。「フロー」に入れるようになると勉強も進むと、サドベリー教育の創始者、D・グリーンバーグがいっています。

子育て金言集―22

子どもは本来、好奇心のかたまりであり、いろいろなことに強い関心を抱き、何かに集中することができます。関心を持ったときに知識を吸収すれば、集中が高まり、学習の効率は驚くほど上がります。（D・グリーンバーグ＝サドベリー教育の創始者）

子どもは「フロー」を体験することにより、「自己肯定感」を高めることをモンテッソーリは発見しました。つまり、何か夢中になるものを見つけ、それに没頭することにより、「自己肯定感」はどんどん高まっていくのです。したがって、子どもが何かに夢中になって「フロー」状態にあるとき、それを邪魔しないことが重要です。

子育て金言集──㉓
お子さんを褒めても叱っても、お子さんは「フロー」に入れなくなってしまいます。

子どもを叱責すると、「自己否定感」を育ててしまうことは8章で述べました。「自己否定感」の強い子はなかなか「フロー」には入れません。これは、常識的にも理解しやすいでしょう。

でも「褒めてはいけない」というメッセージは、ほとんどの方が首をかしげると思います。それを詳しくひも解いていきましょう。

「フロー」に入るためには、いくつかの条件がありますが、最も大切なことは夢中になれるテーマに、心の底からこみあげてくる「ワクワク感」(これを内発的動機といいます)と共に取り組むことです。それをやったからといって、何の得にもならない、というところが重要であり、強制されたり、何かが欲しくて(これを外発的動機といいます)行動したときには「フロー」に入れないのです。ですから、褒美で釣って何かをやらせようというのも、恐怖で追い立てても、取引で交渉しても駄目です。

大人の場合には、指示・命令による強制だけでなく、お金、地位、名誉、マイホームなどを獲得するための行動は、外発的動機ですので「フロー」に入れません。

子どもを頻繁に褒めていると、子どもは次第に「褒めてほしい」という期待を抱くようになります。そうすると、その期待が表に出てくるので、内側からこみあげてくる「ワクワク感」が感じられなくなってしまいます。褒めることによって、「内発的動機付け」が「外発的動機付け」にシフトしてしまうのです。

これは、褒美で釣るのと同じことであり、褒めることによって「フロー教育」は完全に破壊されます。

モンテッソーリ教育やサドベリー教育で、先生たちに「褒めない」ということを厳格に守らせているのは、こういう理由によります。「フロー教育」と、「褒める教育」は矛盾するのです。

ところが、世の中には、親や先生に褒められたことにより才能が開花した、という例が山ほど報告されています。一般には、むしろ褒めることが子育てで一番大切だと思われています。

その常識と、「褒めてはいけない」というモンテッソーリ教育やサドベリー教育の矛盾はどう説明されるのでしょうか。

それを詳しく掘り下げていきましょう。

ほとんどの人がまだ気づいておりませんが、8章で述べたように、いまの社会のベースは「自己否定感」です。そうとは知らずに「自己否定感」を刺激して、がんばり、努力、向上意欲を引き出し、一人ひとりが能力を上げ、社会全体が活性化しています。

「自己否定感」ががんばりの源泉になっているうちはいいですが、一歩間違うと「自己否定感」の海に溺れてしまう人が出てきます。自殺、引きこもり、不登校などはその極端な例ですが、そこまで行かなくても、生きるのが嫌になっている人、つらくなっている人はたくさんいます。

子育て金言集—㉔

「褒める」という行為は、「自己否定感」の海で溺れている人をレスキューする働きがあります。

溺れている人は「フロー」どころではありません。まずは、現状から救い上げなくてはいけません。そのときに、親や先生が「褒める」ということがとても効果があります。いま、世の中全体が「自己否定感」に染まっていますから、溺れている人は結構多く見かけます。

その意味では、子育ての基本は「褒める」ことだという常識は正しいともいえましょう。でもそれは、社会全体に大きな歪みがあり、緊急避難的に「褒める」ことでそこから救うという、どちらかというと、後ろ向きな正しさです。

お子さんが、溺れている状態を脱して、しっかり泳ぎ始めたら、ぜひ「フロー教育」を実践してください。そのときには逆に、「褒めない」という子育てが大切になります。

このように、「褒める」か、「褒めない」か、お子さんの状況によって使い分ける必要があります。

6章で、「フロー教育」というのは、子どもの「好きになる力」、「夢中になる力」、「のめり込む力」を引き出す対象を見つけ、それに没頭させることによって「フロー」を体験させる、という方法論だ、と述べました。私が自分の子どもに実施した「フロー教育」の成功例と失敗例をご紹介しました。

子どもが何に夢中になるかは人によって違います。また、心の底から好きになっているのか、一時的にちょっと興味を引いているだけなのかも問われます。いずれにしても、「フロー教育」を実施する、という強い意志を持ち、細心の注意力を注いでお子さんを観察しないと、夢中になる対象を発見できないでしょう。

モンテッソーリ教育では、幼児が「フロー」に入りやすい教具が工夫されています。しかしながら、一般的には、ちまちました教具による「フロー」よりも、広々とした大自然の中でのびのびと身体を動かす「フロー」の方が、より効果的です。

斎藤公子保育で、典型的な「フロー教育」の有名な例があるのでご紹介しましょう。

斎藤公子保育では、その子の発達状況や精神状態を自由に書かせた絵で診断します。あるとき、卒園を3カ月後に控えた保育園の園児たちが軒並み次ページのような（図1）のような絵を描いていました。この絵は、いままで何度も述べた、子どもが心を閉ざしてロボット的になってしまったことを表しています。園児全員がこうなってしまったということは、家庭の問題ではなく、園の保育の失敗だということです。

それを発見して、困った園長は斎藤公子に相談しました。斎藤公子はただちに園児たちに絵を描くことを全面的に禁じました。そして保育園に大量の土を運び込んで土山を作り、園児20人全員にスコップを与え、山の周りから一人ひとりが穴を掘り、中

図１　情動を閉ざした子の描いた絵の例

心で合流する、という課題を出しました。園児たちは、毎日々嬉々として穴掘りにいそしみました。教室に入るのは、雨の日と食事とお昼寝の時だけ。

当然、園児たちの服はいつも泥だらけ、その泥が園舎にも、帰宅した家にもまき散らされました。保護者からクレームも来ましたが、穴掘りは着々と進みました。

3カ月後に、ようやく穴が完成し、園は喜びの声に包まれました。その後に、園児たちはようやく絵を描くことが許されました。そして同じ子が描いたのが図2です。

図1と図2を比較すると、同じ子が描いたとは思えないほど違っていることがよく

わかるでしょう。この違いは、いろいろな表現で語ることができますが、ひとつには「自己否定感」が強い状態（図1）と、「自己肯定感」が高まった状態（図2）ともいえます。

穴を掘る、というのは確かに上から来た指示ですが、「20ものトンネルが山の中心で合流する」という大人でもワクワクするような目標が子どもたちの琴線に触れ、毎日「フロー」状態で3カ月も過ごした成果です。

普通なら、絵に問題があれば描画の指導をするでしょう。斎藤公子のすごいところは、一切描画の指導をせず、逆に絵を描くことを禁止して、ひたすら子どもたちが「フロー」に入る環境を作ったことです。

このケースでは、自然の中で

図2　情動が解放された子の絵の例の例

※図1、2共に『生物の進化に学ぶ乳幼児期の子育て』斎藤公子著（かもがわ出版）より

身体を使うワークであったこと、泥にまみれたこと、「フロー」が長期に及んだことなどが、奇跡的に子どもたちの「自己肯定感」を高めるのに効果的だったと思われます。

子育て金言集――25

子どもたちが「フロー」に入ると「自己肯定感」は高まります。「フロー」が長期に及び、大自然の中で大きく身体を使うワークで、泥にまみれると、一層効果が高くなります。

10章

親子の葛藤

8章では、「自己否定感」の連鎖についてお話ししました。「自己否定感」の強い親が、それを着実に子どもに伝達している、というのが現実の姿です。これが、「親子の葛藤」のひとつの側面です。

「親子の葛藤」はそれだけでなく、親が子どもに歩むべき人生の路線を強要したり、自分のコントロール下から子どもが脱出することを無意識的に阻んだり、幼児期の共依存関係の継続を望んだり、数え上げたらきりがないほどの、様々な病理的な要素を含んでいます。これらは、大まかに括れば5章で述べた「コントロール願望」に含まれるでしょう。

つまり、「親子の葛藤」がなぜ発生するかというと、主として親のサイドの「シャドーのモンスター」が暴れているからです。

私は、医療者が患者の「実存的変容」を秘かにサポートする、という医療改革を推進してまいりましたが（P13、まえがき）、そんなことは医学部では教えていないので、ハワイで引退生活を送っていた伝説のセラピスト、吉福伸逸（1943～2013）を起用して2003年から年2回、6年間にわたってセミナーを開催しました。一般の心理学では触れていない、人間心理の微妙な深淵は、ほとんど彼から学びました。

吉福にいわせると、「親子の葛藤」というのは、ここ十万年の間、親から子、子から孫へと、綿々と伝わっている人類共通の病理だそうです（P108、8章）。

多くの人が、「親子の葛藤」は自分だけの悩みであり、うちの親は特に問題だ、と思っていますが、そんなことはありません。「親子の葛藤」のない人はひとりもおらず、すべての人が悩んでいます。


私が、「親子の葛藤」の問題に初めて直面したのは、1997年に15人ほどのメンバーを引き連れて、スコットランドのフィンドホーンというスピリチュアル・コミュニティーを訪れた時でした。当時はまだ、創立者のアイリーン・キャディが存命中で（2006年12月逝去）、神の声を聴いてフィンドホーンを設立した経緯や、不毛の砂地で妖精の声を聞いて始めた農業で、巨大な作物が採れたなど、「フィンドホーンの奇跡」がとても有名でした。ご一緒した15人のメンバーは全員葛藤が強く、やっとの思いでこの「奇跡の地」にたどり着いた、という感じでした。

フィンドホーンには、マリオン・リーというよく知られたスピリチュアル・カウンセラーがおり（2019年7月逝去）、全員がセッションを受けました。英語を話せない人が多かったので、私は通訳として7、8人のセッションに同席しました。

それぞれの悩みや葛藤はまったく違うのですが、セッションが進むうちに、全員が親子の葛藤の問題に気付いて大泣きする、というパターンが繰り返されました。このセッションだけでは、解決には至らないので、家に帰ってから、毎日行う瞑想法が示されました。

それは、目の前に椅子をふたつ置いて、目を閉じて両親がその椅子に座っているイメージをして、仮想的な対話をする、というワークです。

後になって、これがゲシュタルト・セラピーの「エンプティ・チェア」という正統的な方法論であることを知りました。マリオン・リーは、単に直感とチャネリングだけを頼りにしたスピリチュアル・カウンセラーではなく、正統的な心理療法の手法をしっかりと身につけておられました。

この時のフィンドホーンで、私は、人々が現在直面しているあらゆるトラブルの底に、必ず「親子の葛藤」の問題が横たわっているということと、「エンプティ・チェア」という瞑想の方法論を学びました。

２００５年から、日本経営合理化協会に請われて、自分で意図したわけでもないのに経営者向けのセミナー、「天外塾」がスタートしました。そこで、このフィンドホーンでの体験が、思いも掛けずに役に立つことになりました。その経緯をお話ししましょう。

その時の塾生の中に、かなり年配の経営者がおられました。息子への事業承継問題をはじめとして、様々な問題に悩んでおられました。ご自身も、父親からの事業承継の折には筆舌に尽くしがたいトラブルを体験しておられ、15年前に亡くなった父親のことを考えると、いまでも身震いをするほど憎い、といっておられました。

私は、それほど深くは考えずにフィンドホーンで学んだ「エンプティ・チェア」を実行していただくことにしました。椅子の代わりに座布団を置いて、そこに父親が座っているイメージをして、毎朝、毎晩、瞑想をして仮想的な対話をするのです。

１カ月後の天外塾で、その塾生は父親に対する憎しみがまったく消えているのに気付き、びっくりされました。それから程なく、息子さんとの事業承継問題をはじめとする、様々なトラブルがスルスルと溶けていきました。

これには、私の方が驚愕しました。普通、息子さんとのトラブルがあれば、本人と息子さんの関係性に注目して、何とか改善しようとするでしょう。ところが、そこにはまったくタッチせず、15年も前に亡くなった父親との瞑想ワークだけで、息子さんとの関係性が良くなったのです。

このことから、たとえ父親が亡くなっていても、父親のモンスターが心の奥底で生きており、人はそれに支配された人生を送っている、ということに私は気づきました。「シャドーのモンスター」という呼び方はこのことから思いつきました。

この体験が、天外塾における様々な瞑想ワークの原点です。

さて、以上の情報から、子育ての現場に何がフィードバックできるでしょうか。

ひとつには、子育て上の最大のネックである「シャドーのモンスター」の形成に「親子の葛藤」が深く関わり合っている、という事実です。
もうひとつは、たとえ親がなくなっていても、親のモンスターは心の奥底で生きており、多くの人がそれに支配された人生を送っている、ということです。
さらには、瞑想ワークなどで親のモンスターがおとなしくなれば、自分の子との関係を始めとする、様々なトラブルが解決する、ということでもあります。

子育て金言集――㉖

心の奥底に潜んでいる、自らの「親のモンスター」の支配から逃れることができれば、子育ては圧倒的にスムースになります。

天外塾では、「親子の葛藤」を解消するために「親殺しの瞑想」を実行しております。「親殺し」というのは物騒な命名ですが、実際には親を罵るだけで、物騒なのは名前だけです。

ユングが神話の中で英雄がドラゴンと戦って殺すのは、親への依存を断ち切って独立した自我を獲得することを象徴している、と説いたことから「親殺し」と命名しました。

「親子の葛藤」が、なかなか解消できないのは、どんなに酷い目にあってきた子でも、親に対しては深い愛情があり、そのために「親を恨んではいけない」、「非難してはいけない」という思いが強く、情動の蓋をきつく締めているからです。

「親殺しの瞑想をしましょう」といわれると、誰でも「うっ！」と詰まり、激しい抵抗感を抱きます。その抵抗感を乗り越えることで、情動の蓋が少し緩みます。そのために、わざわざ物騒な命名をしたのです。

ひとつ注意しなければいけないことがあります。いま、まだ親が生きておられる方は、親子の葛藤の解消ワークをやっている期間中はなるべく親との接触を避けることです。言葉を交わすのも「こんちは、さよなら、天候の挨拶」にとどめ、深い対話にならないようにします。

親子の葛藤が強い、ということは、言葉を換えると「心の奥底に潜んでいる親のモンスターに支配されている」という状態です。葛藤を解消するためには、そのモンスターと対峙しなければいけません。モンスターは、たしかに昔、親との関係性の中で育ってしまったのですが、いま生きている親とはまったく別の、独立した生き物です。いま生きている親と深い対話をしてしまうと、親とモンスターがごちゃごちゃになり、葛藤の解消がうまくいきません。親がすでに亡くなっている方がかえって葛藤の解消はうまくいくでしょう。

親のモンスターはいなくなることはありませんが、その支配から逃れることはできます。

以下に「親殺しの瞑想」の概略を記します。天外塾では、これを1カ月間、毎朝毎晩実行します。

親殺しの瞑想

❶マントラを唱えて軽い瞑想に入ります。

マントラは「南無阿弥陀仏《なんむあみだぶつ》」、「南無妙法蓮華経《なむみょうほうれんげきょう》」、「アーメン」、「ハレルヤ」、「ぎゃあてい・ぎゃあてい・はらぎゃあてい・はらそうぎゃあてい・ぼうじそわか（般若心経のマントラ）」、「かんながらたまちはえませ（神道のマントラ）」、「オム・マニ・ペメ・フーム（チベット密教のマントラ）」など何でもいいですが、特にこだわりがなければ稲盛和夫氏推薦の下記のマントラがおすすめです。

「ナンマン・ナンマン・アリガトウ（稲盛和夫氏が小学生のころ授かった隠れ念仏のマントラ）」

このマントラだと64回くらい唱えると軽い瞑想状態に入れます。「アーメン」

のような短いマントラの場合には、１０８回以上唱えます。マントラは声を出す必要はなく、心の中で唱えます。

❷なるべく若い頃の親の顔をしっかりと思い出します。

❸親が自分にしてくれた酷い仕打ち、心ない言葉をしっかりと思い出します（できれば事前に紙に書いておくとよい）。その時の嫌な情動をしっかりと感じる。

❹親を罵ります。できるだけ激しく、できるだけ汚い言葉を使います。声を出す必要はなく思うだけでよいです。

❺ひとしきり罵った後、静寂を保ち、親をイメージします。耳を傾け、親が何かいわないか心を傾けて聞いてみます。

❻上記、❸→❹→❺を何回か繰り返します。

❼最後に再び同じマントラを唱えて瞑想から出てきます。

11章

「無条件の受容」の奇跡！

シュタイナー、モンテッソーリ、グリーンバーグ（サドベリー教育の創始者）などと並んで、「人間性教育学」の巨人に数えられるひとりにアレクサンダー・サザーランド・ニイル（1883－1973）がいます。しかしながら彼は、当初はいわゆる「落ちこぼれ」でした。

兄たちがみんな上級学校に進学したのに、ニイルは学業成績不振で、14歳で義務教育を終えるとすぐに働きに出されました。ところが就職先でも長続きしません。やむなく父親の学校で見習い教師をしておりましたが、師範学校の受験にも失敗してしまいました。

ところが、徴兵されて軍隊にいた時に、ホーマー・レインによる更生施設「ザ・リトル・コモンウェルス」を見学し、人生が一変しました。そこでは、かつての非行少年・少女たちが農業をしながら共同生活をしており、ニイルが夢見ていた自由な教育が実際に機能していたのです。しかも、当時はまだ出来立てほやほやのフロイトの深層心理学というしっかりしたバックボーンに支えられていました。おそらくニイルは、そこで自分がなぜ学校に不適合だったか、学校側の問題点を見出したのでしょう。

子どもたちが「自分自身である自由」を与えられれば、ひとりでに立ち直っていくという、その後のニイルの教育学の根本原理は、ホーマー・レインから受け継ぎました。ニイルは、いまでいうフリースクールに近い自由な学校サマーヒルスクールを、第一次世界大戦後の1921年にドイツで開きました。1924年にはイギリスに移設しましたが、イギリス中から「ワル」が集まってきました。世の中を呪い、破壊的で、マナーも悪く、嘘はつくし、盗みも働く、あるいは癇癪《かんしゃく》持ちですぐ荒れる子どもたちです。

「まるで、小さな悪魔のようだった」と、ニイルは述懐しています。

ところが、入学して半年もたつと、その子たちがまるで天使のように素直で、やさしい子に変身します。もう、何も悪いことはしなくなります。

その間、教師たちは一切の注意や叱責をせず、子どもたちを導こうともせず、全面的にありのままの姿、つまり盗癖や破壊癖をあるまま受容し、自由を与えます。盗癖がある子には、盗むたびに賞金を出すこともあります。賞金は盗みを奨励しているように見えますが、のっぴきならない心の歪みから盗みを働く、つまり内発的動機で行動している子に、賞金を与えて外発的動機に誘導する、という高度な手法です。一旦外発的動機に染まってしまえば、賞金を徐々に減らせば盗癖はなくなります。

褒めると外発的動機にシフトするので「フロー」に入れなくなる、というのと同じ原理です（P119、9章）。

また、校長であるニイルが破壊癖のある子と一緒に学校の窓ガラスを割ったり、盗癖のある子どもと一緒に盗みに入ったりもしました（あらかじめ相手に通知してからの盗み）。何度も盗んでいるうちに、子どもの方から「先生もうやめようよ」といいだして、盗癖が治るのだそうです。

ただし、いまの日本でこれをやってもまったく効果はないでしょう。20世紀初めのイギリスでは、父親の厳しいしつけが子どもの歪みを生み、破壊癖や盗癖になっていた例が多かったのです。入学してきた子は、必ず父親や神様のイメージを校長に投影します。その校長が自分と一緒に窓を割ったり、盗みに入ったりすることで、厳しい「親のモンスター」のイメージが崩れ、歪みが解消するのです。これは、フロイトの深層心理学の応用です。その子の心の歪みの要因をちゃんと見極めないと、表面的にまねしてもダメです。

さて、このような子どもたちの奇跡的な変容はどうして起きるのでしょうか。

子育て金言集――27

子どもは、「無条件の受容」をされると、短期間で心の歪みが解消し、「小さな悪魔」のような子が「天使のように素直で優しい子」に変容します。

教育に「受容」が大切なことは誰でも知っています。でも、普通皆さんが実行しているのは「あんたがいい子だったら受容してあげるよ」という「条件付き受容」です。条件を付けるからこそ、子どもがいい子に育つ、と信じられています。

ところが「条件付き受容」というのは、「調教」的な教育であり、子どもの「自己否定感」を強化するだけです（8章）。

盗みをしようが、破壊行為をしようが、嘘をつこうが、癇癪を起こそうが、たとえ殺人をしても受容する、というのが「無条件の受容」です。

これは、「あ、いいことを聞いた」と、表面的にマネしないでくださいね。心の中では受容していないのに、ニコニコと笑顔を作り、猫なで声を出しても、子どもにはバレバレです。

じつは、「無条件の受容」というのは、「実存的変容」を超えるとごく自然にできるようになります。それ以前の方が、マネをすると怪我をします。

ここで、あなたが「実存的変容」を超えたか、まだ超えていないか、簡単に判別できる方法をお伝えしましょう。

あなたのお子さんでもよその子でもいいし、あるいは大人でもいいのですが、何かマナーや倫理に反する酷いことをしたときに、「うわっ！　こいつ嫌だな！」と嫌悪感が出てくるかどうか、が判定基準です。

嫌悪感というのは「シャドーのモンスター」が作り出します。相手の言動がどんなに酷くても「嫌だな」という情動は、自分の「シャドーのモンスター」を投影しなければ出てきません。「実存的変容」を遂げた人は、まったく同じ言動に接しても、その事実だけを受け取り、「嫌だな」という嫌悪感が湧いてきません。そして、この子はどういう歪みを受けたので、このような酷い言動をとるようになったのだろう、という興味に注意が行くでしょう。

ですから、まだ「嫌悪感」が出てくる間は無理して「無条件の受容」をしようとしないで、「自分は、まだそれができるレベルに達していない」と自覚して、自然に振る舞う方が、お子さんはよく育ちます。もちろん、いつの日か「無条件の受容」ができるレベルに達したい、という希望は捨てないでください。

「実存的変容」は、本書全体の目標であり、あなたがそれを超えていけるように導くガイドブックとしてこれを書いています。

ニイル自身の著作には、「実存的変容」も、「無条件の受容」という言葉も出てきません。彼は、間違いなく「実存的変容」を遂げており、そのために「無条件の受容」が、ごく自然にできたのでしょうが、当時の心理学はまだそこまで解明しておらず、本人は無自覚のままその路線を突っ走った、と思われます。

ということは、まえがきで述べた「いま人類社会に到来しようとしている大きな波」を超えたレベルの教育学を、ニイルは100年も前に提唱していた、ということになります。ニイルの天才性に驚かされます。

したがって、ニイルの教育学を、そっくりそのまま本書の「子育て金言集」に採用することができます。以下に、いくつかを掲載します。

子育て金言集―㉘

すべての子どもは、自分自身の中に神を持っています。自我が満たされた自由な子どもはその神を発揮します。善悪や正邪の価値基準を与え、子どもを型にはめようとすると、その内にある神を悪魔に変えてしまいます。つまり、法律や規則でしばり、道徳で抑え込もうとするから、罪を作り、反逆者を創り出すのです。（ニイル）

子育て金言集―㉙

自分に対する怖れは、コンプレックスを育て、さまざまな問題を引き起こします。教師は、まず子どもの内心の不安や恐怖や罪の意識、そしてそれから生じる自己増悪から子どもを開放しなくてはいけません。（ニイル）

子育て金言集 30

自分を肯定し受容できない教師は、子どもを受容することも愛することもできません。そういう教師は、自分のありのままの姿を子どもたちに見抜かれることを怖れて、外面的な威厳という鎧で身を守ろうとします。（ニイル）

子育て金言集 31

残忍は自己増悪の投影であり、強制的なしつけから生じます。最も道徳にうるさい人は最も残忍な人です。道徳のお手本になるような教師は最悪です。（ニイル）

子育て金言集―㉜

最もよい教師は子どもと共に笑います。最もよくない教師は子どもを笑います。（ニイル）

なお、新しい「フロー経営」のフラッグシップ、ブラジルのセムコ社は、このニイルの教育学を企業経営に応用しています（P85、6章）。

12章

パラダイムシフトに備える

2章では、「娘さんが悪い」、「いや、所長が悪い」という議論は、「実存的変容」以前の常識を前提としており、「実存的変容」を遂げると「いい・悪い」という判断を超越する、と述べました。本章では、それをもう少し詳しく掘り下げましょう。

私たちは、何かがあると、瞬時に「いい・悪い」の判断をします。あまりにも反射的に判断しているので、自分でも判断していることに気づかないくらいです。

たとえば、出かけようとしているときに雨が降ってきたら、「あ、嫌な雨だな」と思うでしょう。でも「嫌な雨」という雨はありません。同じ雨でも、庭の植木が枯れそうで心配しているときや、作物を育てている農家さんには「恵みの雨」になります。あなたの気分次第で「嫌な雨」にも「恵みの雨」にもなるのです。

また、あらゆることを「正義と悪の対決」というパターンで読み解こうとします。ほぼ全員がそうなので、これが社会の常識になっており、誰も疑問に思っていません。

多くの小説、漫画、映画、ドラマが「正義の味方」のヒーローがバッタバッタと悪をやっつけるという筋書きであり、見ている人は自らをヒーローに投影して溜飲を下げるのです。

あるいはいま、あなた自身が「正義の戦い」に没頭しておられるかもしれません。「社会のため」、「未来のため」、「子どもたちのため」に、悪の権化と戦っている方は結構多くいらっしゃいます。ところが、ちょっと視点を引いて見ると、あなたが悪の権化と思っている相手も、「正義の戦い」のつもりかもしれません。


たとえば、イスラム過激派の自爆テロについて考えてみましょう。西側諸国の一般常識からすれば、善良な市民を巻き添えにする憎むべき悪行に見えるでしょう。ところが、実行犯やその後ろ盾の人たちからすると、イスラムの正義を守るための「正義の戦い」であり、「聖戦（ジハード）」なのです。そうでなくては、自らの命を犠牲にしてまで実行しないでしょう。背景には、異教徒は悪魔の手先なので殺してもかまわない、という倫理観があります。

中世の魔女狩りも、悪魔と通じている魔女は抹殺しなければいけない、という「正義の戦い」でした。ヒトラーのホロコーストもゲルマン民族の「正義のための戦い」でした。

倫理観、価値観、道徳観というのは絶対的に存在するものではなく、時代や地域社会によって大きく異なります。いまの日本の常識的な倫理観を振り回して正義を語っても、偏狭で、虚しいばかりであり、本質的な議論にはならないでしょう。

古今東西、戦いというのは、必ず正義と正義がぶつかってきたのです。

賢明な読者は、もうお分かりと思いますが、「いい・悪い」や「正義・悪」といった判断は、3章、4章で解説した「私が正しい」、「あんたが悪い」という信念と、まったく同じ心理的なパターン化です。繰り返しになりますが、ちょっと復習をしてみましょう。

人間の心の深層構造は、「こうあるべきだ」というポジティブな側面を代表する「ペルソナ」と、「こうあってはいけない」というネガティブな側面を代表する「シャドーのモンスター」の二極に分かれています。このポジティブとネガティブの二極構造（二元性）を通して外界を眺めれば、すべてが二極分化して見えるのは当然でしょう。それが、「いい・悪い」だし、「正義・悪」なのです。ですから、自分の外側の世界に「いい・悪い」や「正義・悪」があるのではなく、自分の内側の二極構造を通して見ると、どうしてもそう見えてしまうということです。

この「ペルソナ」と「シャドーのモンスター」、ポジティブとネガティブの二極に、心の中が極端に分かれた状態を「分離」と呼んでいます。いま、ほとんどの人が「分離」の状態にあり、そのために社会全体も「分離」が常識になっています。

子どもを叱るときには、「私が正しい」、「あんたが悪い」という信念をあらわにするし、あらゆることを瞬時に「いい・悪い」と峻別するし、あらゆる争いごとを「正義・悪」のパターン化をし、多くの方が「正義の戦い」に邁進しています。

これが、人類が何千年とどっぷりつかってきた「分離の常識」の一部です。

いまの社会は、ほとんどの人が気づいていませんが、この「分離の常識」の上に成り立っています。

例えば、法律を作って悪人を峻別し、刑務所に入れるか、極端な場合には死刑にします。そうやって、悪人を分離すれば、いい社会が到来する、という錯覚が「分離の常識」から生まれてきます。法律そのものが「いい・悪い」を分離するためにあるといってもいいでしょう。

「分離」が激しいと、混沌が許されません。どうにも居心地が悪くなるのです。「いい・悪い」のどちらかにきっちり分けないと気持ちが悪いのでしょう。自分と意見が違う人がいると説得しようと議論を吹っ掛けます。「悪」を発見すると、「正義の戦い」に挑みます。要するに、世の中すべてが自分と同じ色に染まった状態を、（そうとは意識せずに）実質的には求めているのです。

意識していれば反省のしようもあるのですが、意識していないので、ずるずると実行しているのです。


集団も一色に染めないと気持ちが悪いので、「多数決」という手段を使います。議会でも学校のクラスルームでも、「多数決」が常識で、それが民主主義のコアだと信じられています。

一票でも違うと、少数派は多数派に従わなくてはいけません。2020年2月、英国はEUを離脱しましたが、わずかな票数の差で離脱を決めた国民投票が、果たして妥当だったのか疑問視されています。どちらに行くにせよ、圧倒的な数の反対者を抱えたまま、その後の国政を運営していかなければいけないからです。

おそらく「ティール時代」には、「多数決」で物事を決める、という習慣は重んじられなくなるでしょう。

以上は、ほんの一部の例にすぎませんが、いまの社会で私たちが当たり前と思っていることが、じつは「分離の常識」に基づいているのです。

「実存的変容」というのは、心の中を激しくポジティブとネガティブに分断していた「ペルソナ」と「シャドーのモンスター」が「統合」することをいいます。そうすると、子どもを叱るときに「私が正しい」、「あんたが悪い」という信念から脱却できるだけでなく、「いい・悪い」、「正義・悪」の判断からも離れます。

そういう人が社会の中で多数を占めるようになると、上で述べた「分離の常識」に基づく社会運営が次々に崩れていくでしょう。

法律で「いい・悪い」を分離するという意識が薄れ、悪人を刑務所に入れたり死刑にしたりして隔離、あるいは抹殺する、という考えが見直されるでしょう。いま、悪人とみなされている人たちは、単に「分離」が激しいだけであり、あなたとは特別に違う種類の人間ではありません。「分離」から「統合」に向かってほんの少し歩みを進めれば、悪人とはいわれなくなるでしょう。それは、いまあなたが「実存的変容」へと歩んでいくのとまったく同じ道です。

少し先の話になりますが、社会全体の「統合」が深く進めば、特に悪人を隔離しなくても、社会の中に自然に存在する自浄作用が働いて共存できるようになるでしょう。

「正義・悪」という概念がなくなれば、争いや戦争は圧倒的に減るでしょう。争いや戦争のための社会資本、警察、司法関係、軍隊などは大幅に縮小できます。

法律が重視されなくなるので、立法機関である国会の役割が縮小されるだけでなく、「多数決」がなくなるので「議会制民主主義」が崩壊して、次の社会運営体制に移行するでしょう。

数え上げたらきりがありませんが、いま皆さんが常識と思っている社会が180度ひっくり返ることが予想されています(その一部は、天外著『GNHへ：ポスト資本主義の生き方とニッポン』ビジネス社、2009年に書きました)。

まえがきで述べた、「明治維新や第二次世界大戦敗戦に匹敵するパラダイムシフト」というのは、そういうことを意味しております。世界的に見れば、中世から近代に移行したのと同じくらいの大きなパラダイムシフトです。

企業経営に「ティール組織」が出現してきたように、いまそのパラダイムシフトの兆候が、社会のあちらこちらに芽を出し始めております。

シェアハウス、シェアオフィス、カーシェアなど、シェアリング・エコノミーがすごい勢いではびこり始めました。ギフトエコノミーも盛んになってきました。その延長上に「拡張家族」などという新しい概念も提唱されています。生殖と子育てのための家族、という常識も崩壊するかもしれません。

若者の企業離れが目立ってきており、NPO、NGO、あるいは社会活動に没頭する人が増えてきました。いままで大人気だった大企業は、もうそろそろ優秀な人材の確保が困難になりそうです。

「ブロックチェーン」という技術が開発され、この新しい統合された意識と結びつくと、金融、証券、貨幣の概念が変わり、資本主義の根源が揺らぐかもしれません。ただし、現在は「ブロックチェーン」技術は、むしろマフィアがはびこる闇の世界を助長しており、さしあたりは、社会の進化の方向には逆行しています。

とても全貌を記述することはできませんが、いままでの延長上の社会がこの先継続するとは考えられません。明治維新から77年で第二次世界大戦が終わり、それから75年たった2020年にこれを書いております。次のパラダイムシフトを迎える十分な助走期間が既に経過しているのです。

あなたのお子さんは、このパラダイムシフトの真っただ中に向かって成長していくことになります。

あなた自身が育ってきた体験、あなたが長い年月で身につけてきた常識、人間や社会のとらえ方、社会の中で生き抜く知恵、などは一度白紙に戻して、次の社会の常識がどうなるか、一度思いを馳せてください。

あなたのお子さんが、このパラダイムシフトの先頭に立って社会をリードしていけるのか、それとも社会の変容の荒波にまかれてしまうのかは、いまあなた自身が目覚めて、「実存的変容」への道を歩み始めるかどうかにかかっています。

むすび

本書は、ちょっと大げさに聞こえるかもしれませんが…

「これからの日本社会の礎《いしずえ》を造る！」

…という気概で書きました。

教育界におられる方、ましてや一般の親御さんたちはほとんど意識しておられないと思いますが、企業経営の最前線にいると、いま、「ティール時代」が間近に迫っていることをひしひしと感じます。

まえがきに記したベストセラー、F・ラルー『ティール組織』は単に一過性のブームでは終わらず、天外塾でも、嘉村賢州、武井浩三など30代の若手の「ティール時代の寵児」たちを講師に起用したセミナーが大人気です。

武井浩三が始めた「自然経営研究会」の毎月の例会には、約100人のメンバーが参集しますが、大半は30代で「実存的変容」を超えておられます。「ティール時代」の大きな波は、若い世代を中心に、確実にひたひたと押し寄せてきているのです。

11章でニイルの話を書きました。彼はたまたま頭角を現しましたが、100年前は「実存的変容」を超えた人にとってはとても生きにくい社会であり、ほとんどの人が社会に適合することが困難だったのではないかと想像されます。

約30年前に私は、「不登校児は進化した人類だ」と主張して世の中の顰蹙《ひんしゅく》を買いましたが、いまではその意見に賛同してくれる人が圧倒的に増えています。

人類は着実に進化しており、古い枠組みに適合できずに苦しむ人たちがどんどん増えていきます。やがて、進化した人類が市民権を獲得し、多数派になる頃に古い枠組みが壊れて新しい社会が出現します。そうすると今度は、「実存的変容」以前の人にとってはとても住みにくい社会になるでしょう。

その時代が来るまでに、私は60年の歳月を想定しています（12章）。もちろんその時は、私はもうこの地上にはいないし、これをお読みのほとんどの方も肉体を離れているでしょう。

いまからの60年間は、いわば過渡期であり、かなり急激にいろいろなことが変化していくと予想されます。あなた自身は旧来の常識に頼って何とか一生を終えることができるかもしれませんが、あなたのお子さんは、その過渡期の激流の中でもまれることは必至です。この新しい潮流に乗り遅れると、少なくともあなたのお子さんはとてもつらい人生になっていくことは間違いありません。

本書は、あなたのお子さんの成長だけでなく、その子育てを通してあなた自身も大きく成長していく、というシナリオを提示しました。また、あなた自身が変容に向かって歩む姿が、お子さんの成長を促進する、という素晴らしい循環になることも述べました。

15年にわたって、天外塾で塾生の「実存的変容」をサポートしてまいりましたが、一般の社会生活の場に比べると…

「子育ての場ほど、自らの成長を強力に促進できる場はない」

…という驚くべき発見が本書を執筆する大きな動機になりました。

人々の意識が変容し、社会が進化するというプロセスは、平和と自由が保たれていないと進行しません。戦時下、あるいは強圧的な全体主義的社会の下では人々は委縮し、意識の進化も抑圧され、停滞してしまうのです。

いまから「ティール時代」を迎えるにあたって、戦後75年の平和と自由を保ってきた日本は、「実存的変容」を超えた人が多くなっており、先進国の中で世界平和をリードするポテンシャルが、おそらく最も高い国であるように思われます。

いままでのように、軍事力や経済力で対立的に世界を支配するのではなく、「慈悲力（The Power of Compassion）」で世界を融合させていく、という役割です。

いつの日か、そういう日本が実現することをほのかに祈りながら、本書を世の中に送り出すことに、大いなる喜びを感じています。

天外伺朗

２０２０年６月

巻末資料1

人間の意識の成長・発達のサイクル

私たちは、おぎゃあと生まれ、身体はすくすくと成長して大人になり、やがて老いて死んでいきますね。身体の成長のように目には見えませんが、まったく同じように意識も成長していきます。

幼少期の意識の発達に関しては、「発達心理学」という学問が、大人になった時の意識レベルに関しては、「自我心理学」や「深層心理学」が解き明かしてきました。古典的な心理学は、そこまでしか扱いませんでしたが、近年、「トランスパーソナル心理学」や「インテグラル理論」が、自我のレベルを超えて、仏教でいう「悟り」の境地まで視野に入れて発達論を展開しています。

ここでは、それらを参考に、人間の意識の成長・発達の様子を見ていきましょう。

172ページの図は、K・ウイルバーが『アートマン・プロジェクト』（P7、1997

年、原著は1980年）で提案した意識の成長・発達モデル（K・WⅡ）をベースに天外が大幅に改定したものです。

このK・WⅡというモデルは、実際に観察される意識の発達とはかなり違うという批判が起こり、彼はその後使っていません。その批判に応えるため、K・ウイルバーは発達の階層構造を全人的に議論するのではなく、12の細かい発達領域（ライン＝たとえば、認知機能、心の知性、倫理的知性、身体的知性、精神的知性…など）に分け、それぞれの領域ごとに異なる発達段階をたどるという主張に替えました。

K・ウイルバーはその後、個人の内面・外面、社会（人間集団・組織）の内面・外面などの4つの象限が相互に大きく影響しあっていることから、そのひとつだけにとらわれるのではなく、四象限を同時に検討すべきだ、と主張しました。そのひとつの成果が、F・ラルー『ティール組織』だといえるでしょう。K・ウイルバーは、これと上記の領域別発達モデルと合わせて「インテグラル理論」として壮大な構図の体系化をはかりました。

たしかに、実際に宗教的な修行者などを観察すると、ある領域はものすごく発達したのに、他の領域は未発達、ということはよく起こっており、領域別発達モデルは妥当性があります。

しかしながら私は、12の領域を均等に見るK・ウイルバーの説を少し発展させて、PCでいうならばOSとアプリにわけて考えています。OSに相当するのが、その人の人間的な土台である主軸的発達段階であり、一方で、チャネリング（何者か見えない存在とつながって、未知の情報を獲得する）能力、法力（祈祷《きとう》で病気を治すなどの宗教的力）、超能力などといった個別の能力がアプリに相当します。

「超個」のレベルに相当するアプリを獲得したからといって、その人のOSに相当する主軸的発達段階が「超個」に達したわけではないのです。OSではハンドリングできないアプリを獲得すると、「魂の危機＝Spiritual Emergency（S・グロフ）」が到来し、統合失調症と同様な症状が現れます。そのOS（主軸的発達段階）を論じるときに、K・WⅡはとても都合がよいので、復活させました。

もうひとつK・WⅡを採用した理由は、「初期自我」、「中期自我」、「後期自我」、「成熟した自我」の範囲に限れば、これはK・ウイルバーの学説というよりは、フロイト、ユングなどの古典的深層心理学そのものであり、すでに定説になっているからです。また、「超自我」、「依存」、「シャドー」などの深層心理学的メカニズムにより個人の意識の発達を説明できるという利点があります。

この図の「初期自我」、「中期自我」、「後期自我」、「成熟した自我」などは、R・キーガンの成人発達理論の発達段階2（利己的段階・道具主義的段階）、発達段階3（他者依存段階・慣習的段階）、発達段階4（自己主導段階）、発達段階5（自己受容・相互発達段階）などと、それぞれ、ほぼピッタリ対応しております。おそらく、R・キーガンもK・WⅡをベースにしたと私は見ています。

『ティール組織』やスパイラル・ダイナミクスも基本的にはK・WⅡがベースになっていますが、段階の数を少し増やしております。図で点線に囲まれた「グリーン」がそれです。

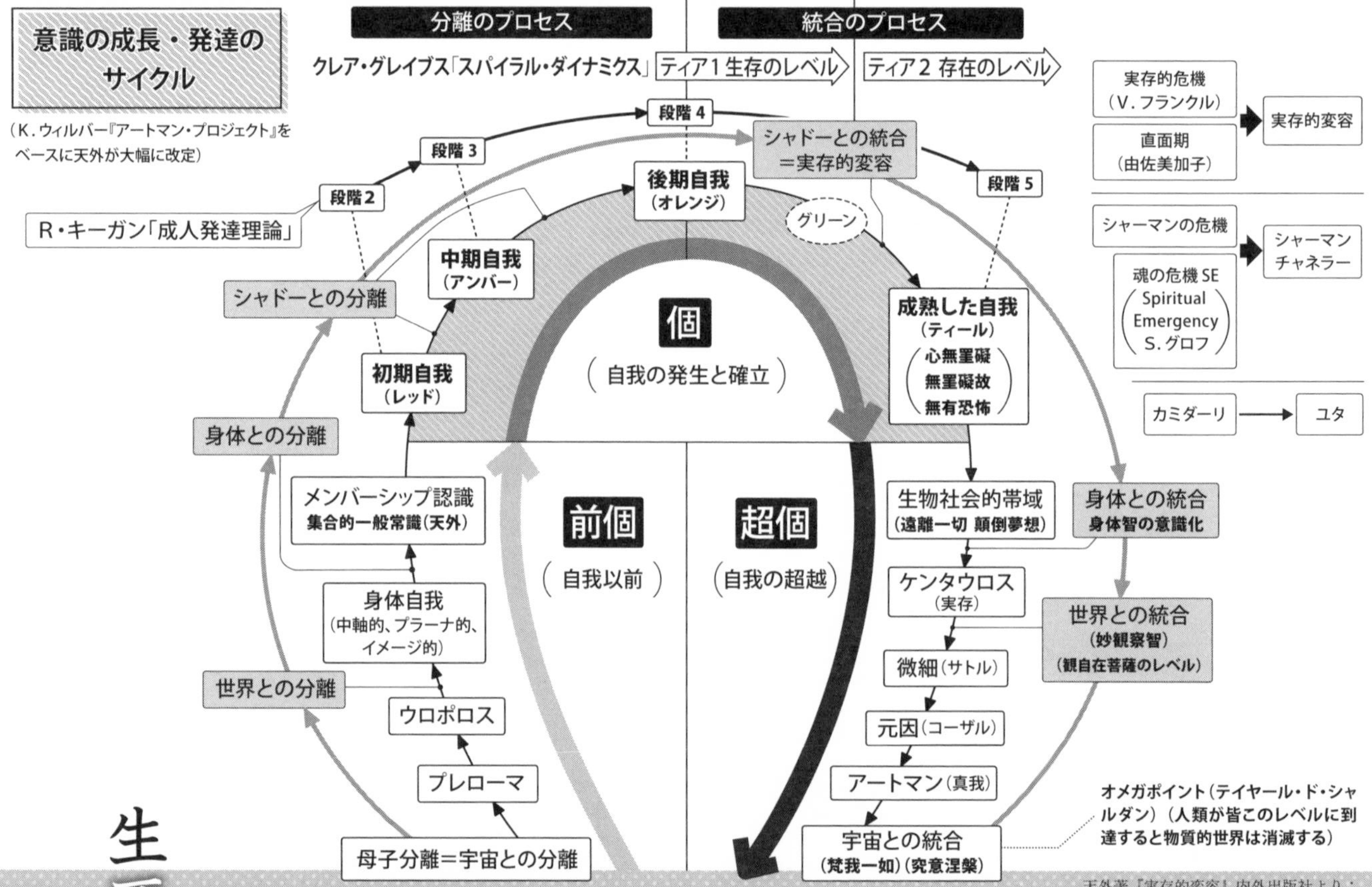

（K. ウィルバー『アートマン・プロジェクト』をベースに天外が大幅に改定）

天外著『実存的変容』内外出版社より：

さて、それでは図に沿って意識の成長・発達のサイクルを見ていきましょう。その前半は、「分離」することが成長であり、後半になると次々と「統合」していくことになります。

①宇宙との分離

胎児にとっては、母親の胎内が宇宙のすべてです。母子分離は宇宙との分離であり、それによりバーストラウマ（2章）が発生します。バーストラウマはあらゆる分離感覚の源であり、人生におけるあらゆる苦しみの要因だといわれています。

②世界との分離

幼児は見えている範囲が世界だと認識しており、隠れるという概念がありません。「いないいないないい・ばあ」で幼児がキャッキャッと喜ぶのは、相手が世界から消えて、また突然出てくるからです。やがて幼児は「いないいないない・ばあ」では喜ばなくなるので、世界と分離したことがわかります。

③身体との分離

3歳くらいから第一反抗期が始まります。これは自我の芽生えですが、当初の自我は身体と分離していません（身体自我）。身体から分離した自我が発生する以前の領域を「前個」のレベルといいます。大人と同じように身体から分離した自我を獲得すると、自らの身体を客観的に眺められるようになります。

④メンバーシップ認識

3〜5歳で、幼児はその社会が共通して持っている認識様式に参加していきます。私たちは、いまの日本社会とアフリカのマサイ族とで、人間が世界を認識する様式は変わらない、と思っています。ところが研究者たちは、そうではなく、それぞれの社会に固有の認識様式があり、幼児は無意識のうちにそれに参加していくのだ、と説いています。

たとえば、いまの日本社会では何か物があればその後ろは見えないのが常識ですが、ＬＳＤセッションをやるとそれが見えてしまうことがあります。あるいは、ランナーズハイや瞑想の「目撃の体験」では、自分の姿を斜め後方から見てしまうことがあります。人によっては、はるかかなたの様子を手に取るように見ることもあります（Remote Viewing）。どうやら人間は、眼球と視神経以外のメカニズムでも「見る」ことができるようです（科学的な説明はできません）。そういう能力まで含めると、人間本来の認識様式は、私たちの常識をはるかに超えた可能性があるのです。

これだけ人の行き来が多い日本社会とアメリカ社会も、細かく見ていくと認識様式が違います。たとえば、22口径のピストルで撃たれた時、アメリカでは頭か心臓に当たらない限り、まず死にませんが、日本では結構死ぬそうです。これを私は、「集合的一般常識」という概念で説明しています（天外著『無分別智医療の時代へ』内外出版社）。ピストルに撃たれると死ぬ、という常識が現実化してしまうのです。

真実に基づいて常識が生まれるのではなく、常識があるから、その通りの現実が起きてしまうのです。

その社会共通の認識様式に参加するということは、認識に大きな制約をもたらしますが、いわばその社会に参加するためのパスポートです。そのパスポートにより、人は楽に社会生活を営めます。

また、ほとんどの文明社会の認識様式は、仏教でいう「分別知」（物事を分離して認識する凡夫の認識様式）です。

⑤初期自我（レッド）

身体から分離した最初の自我が「初期自我」です。原初的、本能的な欲求がそのまま行動に出るのが特徴です。このレベルから自我の発生と確立である「個」のレベルに突入します。

⑥中期自我（アンバー）

7歳くらいになると、親からのしつけなどから道徳観・倫理観を身につけ、行動を自らコントロールできるようになります。親が望む行動がとれるようになり、社会の一員に参加していきます。こみあげてくる原初的な欲求とそれをコントロールする道徳観の間で葛藤が始まります。大人の世界に対しては、被保護―服従―依存という関係性を保っています。

⑦シャドーの分離

道徳観・倫理観が確立して自らをコントロールするようになると、「こうあってはいけない」という衝動や部分人格を自動的に無意識レベルに抑圧します。それは、強力なモンスターに育っており、「シャドー」と呼ばれています。本書では「シャドーのモンスター」という呼び方をしました。

「シャドー」が強力に育ってくると、人はそれを投影して戦ったり、すべてを「正義と悪」というパターンで読み解こうとします。

⑧後期自我（オレンジ）

12歳くらいから、反抗期などを経て、親への依存を断ち切って独立した自我を獲得していきます。理性でコントロールして「立派な社会人」を演じることができるようになります。ただし、立派な社会人を装えば装うほど、シャドーのモンスターも強力になり、「シャドーの投影」に起因する「戦いの人生」を歩むことになります。

⑨実存的変容＝シャドーの統合

いままで次々に「分離」することによって成長してきた意識が、初めて「統合」に変わるのが「実存的変容」であり、「シャドーの統合」です。統合した結果が「成熟した自我（ティール）」です。このレベルに達すると「怖れと不安」がなくなりますので、般若心経でいう「心無圭礙無圭礙故無有恐怖（心にとらわれがなくなり、そのために恐怖もなくなる）」という心境になります。「初期自我」、「中期自我」、「後期自我」、「成熟した自我」の４レベルが「個」のレベル（自我の発生と確立）です。

⑩生物社会的帯域

いよいよ自我のレベルを超越して、「超個」のレベルに突入します。最初に「④メンバーシップ認識」で獲得したその社会共通の認識様式を手放します。分離の激しい社会の窮屈な認識様式を離れて、いよいよ「無分別智」に向かって一歩踏み出すことになります。

しかしながら、「④メンバーシップ認識」で述べたように社会共通の認識様式はパスポートという意味もありましたので、皆が見えないものが見えたり、チャネリング能力が出てくると、生きづらさを感じるかもしれません。

社会共通の認識様式を手放すことを、般若心経では「遠離一切顚倒夢想（ひっくり返った夢のような認識から一切離れる)」といっております。究極は、肉体という革袋の中が自分なのではなく、宇宙全体が自分だという「無分別智」です。

⑪身体との統合

私たちの身体は、意識レベルでは検知できていない様々な情報をキャッチしています。手に持った物体が毒かどうか、あるいは薬が効くかどうか、どのくらいの分量を飲めばいいのか、など、すべてわかっています。それを天外は「身体智」と呼んでいます(天外著『無分別智医療時代へ』内外出版社)。

いままでは、それを検知するために「O-リングテスト」、「ゼロサーチ」、「キネシオロジー」などの手法が必要でした。「③身体との分離」で一旦分離した身体と再び統合すると、「身体智」を直接意識レベルでわかるようになります。そうするともう、医者が診断して薬を処方する、というプロセスは不要になります。本人が、どの薬をどれくらい飲めばいいのかクリアにわかるからです。

⑫世界との統合

仏教には「妙観察智」という言葉があります。目の前のものと一体と感じられることです。一般の人には、何のことやらさっぱりわからないと思いますが、瞑想を実習していると、たとえば目の前の樹木と一体に感じるという神秘体験をすることがあります。通常はおびただしい涙にまみれます。瞑想中に一体感が得られたとしても、出てきてしまえば元に戻ってしまい、妙観察智の境地に達したわけではないのですが、日常生活でもそういう状態を保つ「妙観察智」のことを、あり得るかもしれないな、と想像することはできるようになります。

「②世界との分離」で一旦分離した世界と再び統合するということは、この妙観察智の境地に達するということです。

妙観察智は観音様（観自在菩薩）の境地です。仏教（顕教）では、菩薩というのはそれぞれに悟りに至るひとつひとつのステップを表していると説いています。

般若心経というのは、妙観察智のレベルまで達した観音様が、さらに修行して究極の悟り（究境涅槃）に達する、というお経です。まずは、妙観察智のレベルに達しないと次にいけない、というのが仏教の教えです。

⑬宇宙との統合

仏教には「究境涅槃」（究極の悟り）、ヒンズー教には「梵我一如」という言葉があります。梵というのは「ブラフマン（宇宙の究極的原理）」、我というのは11章で説明した「真我（アートマン）」のことです。最終的には自分が宇宙そのものだ、ということを実感するようです。この段階に達した人が「無分別智」を体現するのでしょう。なお、テイヤール・ド・シャルダンというフランスの哲学者は、人類が全員このレベルに達するとこの物質的な宇宙は消滅するといい、それを「オメガポイント」と呼んでいます。

⑭実存的危機

アウシュビッツの体験を書いた『夜と霧』で有名な心理学者のヴィクトール・フランクル（1905‐1997）は、地位も名誉も収入もある成功者が、ときに「自分は何者で、人生の目的は何か」という根源的な問題に真剣に悩み始めることを発見し、「実存的危機（精神因性神経症）」と名付けました。

後にこれは「実存的変容」のための大切な前奏曲であることがわかりました。彼は、心理学者であるため精神的な危機のみに着目しましたが、実際には本人の身体、心、家族関係、社会的人間関係、社会的地位、などの複数の領域に危機が訪れます。

由佐美加子は、同じ内容を「直面期」と呼んでいます。自分軸を見失って、親の期待や世間の要望に必死に適合して生きてきたのが限界に達して、様々なトラブルとして降りかかってくる、と解釈しています。この危機をしっかり意識できれば、スムースに乗り切ることができるでしょう。

⑮シャーマンの危機

沖縄のシャーマンであるユタは、カミダーリと呼ばれる霊的な危機を経て成長することが知られています。

トランスパーソナル心理学の創始者のひとりS・グロフは、このような現象を「SE（Spiritual Emergency）＝魂の危機」と呼んでいます。一般に、「主軸的発達段階」が未成熟なまま、「超個」のレベルの能力が身についてしまうとSEに陥ります。多くの場合、透視能力やテレパシーなど超能力に類する力が身につき、動物が寄って来たりしますが、「主軸的発達段階」が未成熟なので、単に精神のバランスが崩れているだけです。新興宗教の教祖の多くは、このＳＥの状態にあるので注意が必要です。

ユングは、ＳＥ状態で超能力が身についた時、自分がすごいレベルに達したと錯覚することを「魂の膨張（インフレーション）」と呼び、精神分裂病（統合失調症）になる危険性が高いと警告しています。

「シャーマンの危機」と「実存的危機」を混同する人もいますが、私は別物として区別しています。

巻末資料 2

「実存的変容」が深まった人の特徴

① むやみに「戦い」を仕掛けない。「戦い」は闘争だけでなく、立身出世のための戦い、名誉・名声・お金を得るための戦いも含む。
② むやみに「目標」や「夢」を設定して、それを追いかけない。
③ むやみに「聖人」にあこがれない。
④ むやみに「いい人」、「強い人」、「立派な社会人」のふりをしない。装わない。格好つけない。素の状態、裸で生きている。
⑤ 自分の弱さや欠点をさらすことに抵抗感がない（常識的にはネガティブに見える側面も含めて自己受容している）。
⑥ むやみに人を批判しない。
⑦ むやみに「美しい物語」にあこがれない。むやみに理想を追わない。

⑧秩序のない混沌（カオス）の中にいても居心地の悪さを感じない。むやみに整理された秩序を求めない。

⑨発生した出来事や世の中の現象などに対して、論理的で美しい説明や理由付けをむやみに求めない。出来事や現象が、ただ「ある」ことを認める。

⑩むやみに「いい・悪い」の判断をしない。起きた出来事や結果、自分や他人の行為、自分や他人そのものなどに対して、ありのままを受け取り、判断を保留する。

⑪いかなる結果が出ようとも、それを淡々と受け入れる。

⑫物事を「正義vs悪」のパターンで読み解こうとはしない。「正義」を振りかざして「悪」を糾弾しようとはしない。自分や他人やお互いに対立をする人たち、あるいは組織、国家などに対して…。

⑬むやみに「善人」と「悪人」を切り分けない。世の中に「悪人」とレッテルを貼れるような人は存在しておらず、抱えている葛藤の重さが違うだけだ、と認識している。

⑭むやみに「正・誤」を判別しない。誤を切り捨てないで、その中に潜む叡智を探す。

⑮むやみに自分と人、あるいは他人同士を比較しようとはしない。人は一人ひとり、

存在しているだけで十分に価値があることを実感として把握している。

⑯ むやみに「コントロールしよう」とはしない。他人も自分も組織も世論も…。説得して他人の意見を変えようとはしない。したがって「社会を変えよう」というインテンションはなくなる。

⑰ 恋愛は、激しく燃え上がらず、静かな感じになる。パートナーに対して、独占欲や嫉妬心が希薄になる。

⑱ あらゆる場面で「無条件の愛」が発揮される。

⑲ 自分とは異なる意見、思想、価値観、文化の人と一緒にいても居心地の悪さを感じない。

⑳ 他人の問題行為、わがままな行為、エゴむき出しの行為に対して、むやみに嫌悪感を抱かない。

㉑ むやみに「自己顕示欲」むきだしの言動に走らない。自らの「自己顕示欲」の存在をしっかり把握している。

㉒ 自分自身、起きている出来事、他人との関係などを、客観的に遠くから見る視点を確保している（メタ認知）。

㉓ 他人や社会が、自分や自分の言動をどう見るかを、むやみに気にしない。自分をまげて、他人や社会に無理々々合わせたり、おもねたりしない。常に自分自身であり続ける。

㉔ むやみに過去を悔やまず、未来を思い煩わない。

㉕ 自らをあけわたし、宇宙の流れに乗ることができる。傍から見ると、やたらに運が良いように見える。

巻末資料3

「〝ティール時代〟の教育と子育て」セミナー

本書の内容に沿ったセミナーが、毎年「天外塾」の中で開講されています。この新しい時代を生きている、若手の教育研究家、木村智浩さんを講師にお迎えして、天外とふたりで、「ティール時代」の新しい教育と子育てを探求します。

講師：天外伺朗、木村智浩
日時：全4回。9～12月、月1回。
場所：国際文化会館（東京、六本木）
主旨：F・ラルー『ティール組織』は、人類の意識が進化した結果、新しい組織運営が出現してきた、という内容ですが、意識の進化は組織運営のみにとどまらず、社会のあらゆる局面に展開されます。

その新しい時代を「ティール時代」と呼ぶことにします。

人類の意識の進化という視点は、いままでの教育にも子育てにもまったく欠けていました。

「ティール時代」になると、いままでの常識が１８０度ひっくり返ります。その新しい常識を身につけた人と、旧来の常識に固執する人とのギャップは限りなく大きくなるでしょう。

これから教育や子育てに携わる方は、旧来の常識に固執していると人類の進化の妨げになってしまいます。ご自身の意識の変容に関心を持っていただくことが、最大の子育てのカギになります。

教育に関心がある方だけでなく、子育てに悩む母親・父親にもご参加いただき、一緒に新しい道を開拓しませんか。

本講は、意識の進化と教育を長年探求してきた天外伺朗と、モンテッソーリを学び、若者の感覚でこの新しい風の最先端を走る木村智浩が組んで、教育の新しい方向性のベースを議論いたします。

木村智浩プロフィール

株式会社ガイアックスブランドマネージャー。

奈良県出身。早稲田大学卒業後、２００４年にガイアックスに入社。

営業、新卒採用、広報ＩＲ、経営企画、ＳＮＳ事業立ち上げから国内トップシェア獲得など幅広く経験。現在は、人事労務・広報ＩＲ・全社行事を担当し、コミュニティビル NagatachoGRiD でのイベントや会社のコミュニティ化を推進。

『ティール組織』著者ラルー氏来日イベント世話人。

子どもたちはモンテッソーリ園、また、〝テストなし、宿題なし、チャイムなし、教科書なし、先生と言われる大人はいない〟体験型学習の自由学校（南アルプス子どもの村小中学校）に通う。４児の父。

国家資格キャリアコンサルタント。ポジティブ心理学プラクティショナー。

＊このセミナー（天外塾）の
お問い合わせ、お申し込みは、下記から
officejk@onyx.ocn.ne.jp
http://www.officejk.jp/

天外 伺朗（てんげ・しろう）

工学博士(東北大学)、名誉博士(エジンバラ大学)。1964年、東京工業大学電子工学科卒業後、42年間ソニーに勤務。上席常務を経て、ソニー・インテリジェンス・ダイナミクス研究所(株)所長兼社長などを歴任。現在、ホロトロピック・ネットワークを主宰、医療改革や教育改革に携わり、瞑想や断食を指導し、また「天外塾」という企業経営者のためのセミナーを開いている。著書に、『ザ・メンタルモデル』『自然経営』『実存的変容』『幸福学×経営学』『人間性尊重型大家族主義経営』『無分別智医療の時代へ』『人類の目覚めへのガイドブック』(いずれも内外出版社) など多数。

「ティール時代」の子育ての秘密

発行日	2020 年 7 月 1 日　第1刷
著　者	天外 伺朗
発行者	清田 名人
発行所	株式会社 内外出版社
	〒 110-8578　東京都台東区東上野 2-1-11
	電話 03-5830-0237 (編集部)
	電話 03-5830-0368 (企画販売局)
デザイン・DTP	小田直司 (ナナグラフィックス)
印刷・製本	中央精版印刷株式会社

ISBN 978-4-86257-526-5